論破という病

「分断の時代」の日本人の使命

倉本圭造
経営コンサルタント・思想家

834
中公新書ラクレ

はじめに

はじめまして、経営コンサルタント兼思想家の倉本圭造と申します。

あなたは今の日本に満足していますか?

時代の変化に不安を感じ、閉塞感やフラストレーション、絶望といったものを感じていたりするでしょうか?

その解決のためには、あなたの「敵」を打ち倒して自分たちの理想を実現することが必要なのだ! と強く思っているかもしれません。

しかし、あなたの「敵」も実はそう思っているのかも?

現代社会は複雑で、バラバラに分断されているので、本当は協力しあって同じ目標に向かえる相手でも、一緒くたに「敵」に見えてしまうことはよくあります。

でも、あなたとその「敵」は、立場が違うだけで、実はかなり似た理想を目指していたりするのかも？

私は過去20年以上、日本社会のお互い対立する色々な立場の間を繋ぎながら、前向きな変化を起こす仕事をしてきました。

まずアメリカの外資系コンサルティング会社、マッキンゼーでキャリアを始め、日本の大企業だけでなく、欧米のグローバル企業や日本政府のプロジェクトにも従事しました。

そして、そういうマッキンゼー的な「グローバルな成功事例とされる経営方式」と「日本社会」とのあまりのギャップに、これは放置しておけないという問題意識を持ち、日本社会の実情を見て回る旅をすることにしました。

その旅の過程では、恵まれたエリート的目線では見えないものを知るために……とかいう、今思うと少し浅はかな青臭い精神から興味のままに肉体労働をしてみたり、ブラック企業で働いてみたり、有名なカルト宗教団体に潜入して「残って幹部になってくれ」とか言われたり、たまたま求人を見かけてホストクラブで短期間働いて、お客さんにドンペリという高価なシャンパンを入れてもらったこともあります。

その後は、船井総研という日本のユニークなコンサルティング会社を経て独立し、主に日本の中小企業をクライアントとする経営コンサルタントになり、なかには地方の中小企業ながらここ10年で年150万円ほど平均給与を引き上げることができた成功事例もあります。

経営的な話だけでも、「ものすごくローカル」な世界から、逆に「グローバル的に最先端」な恵まれた事例まで、両方接してきました。

理屈や綺麗事じゃない地方の中小企業のリアリティも、「すごく良い例」から「本当にダメな例」まで幅広く見てきましたし、欧米のグローバル企業の経営会議でどういう話がされているのか、日本政府がどういう視点でプロジェクトを行っているかも理解し、今でも時々依頼されて1兆円近い売上の大企業の仕事をすることもある。

それだけではありません。

私はコンサル業とは別に、「文通」をしながら個人の人生を考える……という仕事もしており、そのクライアントには文字通り老若男女、20代〜60代の男女ほぼ半数ずつ（もちろんＬＧＢＴＱの人も）、大金持ちから結構厳しい経済状況の人も、職業的には普通の男女ビジネスパーソンから主婦の人、農家の人や政治家、アイドル音楽の作曲家から学者さんまで、政治志向でいえば〝ド左翼〟の人も〝ガチ右翼〟の人も普通のノンポリの人も、さまざまな人がいます。

それらの友人たちと文通を通じて繋がることで、さらにさまざまな立場から日本社会を見ることを長い間続けてきました。

私が文通しているAさんとBさんは、普通に直接会えば明らかに「敵」同士になってしまうというような例が沢山ありますし、コンサル業で出会ってきた「グローバル企業の視点」「日本の大企業の視点」「中小企業の視点」も、それぞれ全然違っており、ほうっておくとお互い「敵」同士になって攻撃しあっているということもよくあります。

しかし、色々な立場の間に立って生きてきた私には、

「いやいやあんたら協力しなよ。議論のここがスレ違ってるだけだって！」

……と見えるコミュニケーション不全が今の日本では大量に放置され、ただただお互いを無意味に罵りあっているように見えます。

大事なのは「立場を超えて協力しあう視点をいかに共有するか？」です。私はこれを「メタ正義感覚」と呼んでいます。

どうすればあの「敵」に見えているヤツと協力しあえるのか？　混乱する日本をどっちに向けていけばいいのか？

その問題を、対立する色々な立場の間を繋いで成果を出してきた **〝経営コンサルタント〟**

の視点と、さまざまな個人との文通を通じ、社会全体を複眼的に見てビジョンを作ってきた**〝思想家〟の視点**という、全く違った〝二つの視点〟を両方駆使しながらひもといていくことが本書の狙いです。なぜなら、**今の時代は「思想」と「社会の現場感」のどちらか片方だけから社会を切ろうとしても限界があり、両者を往復しあい、全く新しい活路を見いだしていくことが必須となっているからです。**

〝経営コンサルタント〟としてある会社で平均年収を150万円引き上げることができたような経験から現場レベルの現実を冷静にひもときつつ、同時に一方で現状の惰性にとらわれないように〝思想家〟レベルの大きな視野で捉え返すことで活路を見いだしていくこと。

そんなことができるの？

できます。とりあえず信じて新書1冊分の時間を私にください。

読み終えた頃には、あなたはあなた自身の未来と日本国の未来に対して、いまよりも大きな希望を感じられるようになっているはずです。

ご一緒に、今の日本に吹き荒れる「論破という病」を克服する試みを始めましょう。

目次

第6章　ケーススタディズ

論破という病

図版作成・本文ＤＴＰ／平面惑星

序章

「論破という病」というタイトルから何を連想しますか？

「論破という病」というタイトルは、中央公論新社の編集部からの提案です。聞いた瞬間、大変良いタイトルだと思って気に入りました。

あなたはこのタイトルからどういう内容を想像するでしょうか？

確かに、今の日本には「論破という病」が蔓延している！　と感じるかもしれません。

ＳＮＳでは常にありとあらゆる罵りあいが溢れていますし、知恵を出し合って現実を前に進めようとするよりも、いかに華麗なレトリックで「敵」を攻撃し、自分たちの仲間に褒められてその小さい世界の英雄になるかだけに必死になっている人たちが沢山いますよね。

確かに彼らは「論破という病」にかかっているといえるかもしれません。

また、「論破」といえば……という形で、インターネットの匿名掲示板2ちゃんねる（現5ちゃんねる）創業者の西村博之（ひろゆき）氏を連想する人もいるかもしれません。

「論破王ひろゆき」などと呼ばれて色々な討論番組に出演し、人を食った態度で議論を引っかき回す姿は、若い世代から喝采を浴びていますし、

「それってあなたの感想ですよね？（データとかエビデンスとかあるんすか？）」

……というセリフは流行語にもなりました。

ひろゆき氏に限らず、討論系の動画コンテンツや、アクセスをかき集めなくてはいけないウェブニュース記事などでは、「〇〇が××を論破！」といった表現が溢れています。

とにかくインスタントに結論を出して決着をつけたい、あるいはとにかく議論の敗者側になったやつをバカにしたい……という欲求が溢れているかのように見えます。

「社会をこういう方向に持っていきたい」という強い理想はなく、ただただ場当たり的な、議論ショーにおけるポジション取りのためだけの空疎な舌戦が続いていくさまを見て心を痛めたことがある人も多いでしょう。

そうだ！　ひろゆき（敬称略）に限らず、ライブドア元代表取締役社長の堀江貴文（敬称

略）や、最近では米国イェール大学助教授をしながら日本でも活躍する成田悠輔（敬称略）とかいうヤツとか、そういった「浅はかな若い世代にもてはやされる〝論破系論壇〟」が、じっくりとした知的な対話を拒否し、安手の実利的な結論をセンセーショナルにブチ上げるような昨今の日本の言論の貧困を招いているのだ、けしからん！

本書はそういった日本の言論状況の不毛さに一石を投じ、ネオリベ実利主義に毒されたこの国では風前の灯火《ともしび》となってしまった〝ほんとうの知性〟を取り戻す、知恵と教養と良識に溢れた読者のための宣言として書かれるのであります！

……という本になりそうだな、と「論破という病」のタイトルからあなたは想像したかもしれません。

病にかかっているのは「ひろゆき型ネット論壇」だけだろうか？

先ほども書いたように「論破という病」というタイトルは、中央公論新社の編集部にいる方の発案です。

そのイメージの中では、「ネットに溢れる安手の論破合戦」＝「論破という病」であり、そういう〝くだらない言説〟を乗り越えて、旧来メディアが主導してきたような、知的で含蓄があり教養と知恵に溢れた〝ほんとうの知性〟が通用する世界に日本を引き戻すべきなのだ、という発想が、無意識にでもあったかもしれません。

もちろん、この本の著者である私自身も、ネットに吹き荒れる論破合戦のような風潮には大変問題意識を持っていますし、それを克服していかねば日本国に未来はないし、そのための方法についての本を書きたいと思っていることは全くその通りです。

しかし、では**今の日本において「論破という病」にかかっているのは、果たしてそういう「ひろゆき型ネット論壇」だけでしょうか？**

「ひろゆき型ネット論壇」が蔓延し、〝ほんとうの知性〟が貧困化した今よりもっと以前、古き良き日本においては、知性と教養に溢れたインテリたちがお互いに敬意を払いあいながら、それはそれは有意義で含蓄のある議論をしていた……でしょうか？

私にはとてもそうは思えません。

「ひろゆき型ネット論壇」を象徴的に〝平成時代の議論〟と呼んでみましょう。一方でそれ以前の、新聞や雑誌といった旧来メディアが強固な地盤を持ち、知的な権威とされる論客たちが華麗な衒学《げんがく》を披露していた時代を〝昭和時代の議論〟と呼ぶことができます。

冷静に考えてみれば、「ひろゆき型」の〝平成時代の議論〟と同じくらい、〝昭和時代の議論〟の方も、人の話を全然聞いていなくて、それこそ「朝まで生テレビ！」的にただただ高齢男性が自分が思ったことを放言しまくって、誰も何も検証しないような世界が広がっていたのではないでしょうか？

〝平成時代の議論〟vs.〝昭和時代の議論〟としての「高齢者集団自決」発言

〝平成時代の議論〟と〝昭和時代の議論〟がぶつかりあった象徴的な事件として、成田悠輔氏の「日本の高齢者は集団自決するしかない」発言があります。

成田悠輔氏が活躍しはじめたのは時期としては令和ですが、性質として彼は「遅れてきた〝平成時代の議論〟の権化」みたいな存在であると見なして話を進めます。

まず確認しておきたいことは、私は成田悠輔氏のこういう発言に反対ですし、余計に問題がコジれるじゃないか、という反発心もあります。

しかし考えてみてほしいのですが、**ただただ成田氏を悪魔化し、「こんな悪魔的な議論をする存在を排除しさえすれば良い」とする発想も、「論破という病」なんですよ。**

「論破という病」にかからないためには、まず成田発言の趣旨をきちんと把握することが必要です。

断片的な切り抜きで悪魔化されがちですが、私は彼の発言が今ほど問題視される以前からその発言の全体像に触れる機会がありました。

「みんなの介護」というウェブサイトの中に「賢人論。」というインタビュー集があり、私は成田悠輔氏とほぼ同時期にそこにお呼ばれしたのですが、そのオファーのメールに参考として添付されていたのが彼の回の記事でした。

発言が問題視されてから彼の回は既に削除されてしまったようですが、「みんなの介護」というサイト内の記事だけに、この件について彼がどういうことを考えているのかがよくわかる記事でした。

成田発言問題について書いた当時の私のブログ（note）で、彼のインタビュー概略をまとめています。「倉本圭造のnote　２０２３年2月28日／なぜ日本人の「議論」はこれほど不毛なのか？　ひろゆき&成田悠輔的言論に対抗するにはレッテル貼りじゃダメ。」https://note.com/keizokuramoto/n/n7dafcef2416f

「賢人論サイト内の成田氏発言要旨」

• 自分もクモ膜下出血で倒れた母親の介護が大変だった時期があり、日本の福祉制度に非

常に助けられた。米国だったらもっと大変で、見捨てられてしまっていただろう
・しかし、世界一の高齢化で現役世代とのバランスが崩れ、今後この制度が現行のままでは維持できないことは明らかで、どこかで破滅的な崩壊が来るよりは、意図的に刈り込んで維持可能な制度に転換する必要があるのではないか？
・その部分で「効率性」の基準で工夫をすることは「人間性」と対立しない。むしろ相互補完的であるはずなのに、日本ではむしろそこで少しでも「効率」の発想を持ち出すこと自体を排除してしまっている

これを読むと、むしろ**「気鋭の経済学者なりの真摯な問題意識から来る提言」**という感じがしてきますよね？

私もこのレベルの内容には100％同意しますし、「集団自決」発言だけを切り取って彼をナチスの同類と思っていたような人でも、納得する人が多いのではないでしょうか。

そして、その「総論としては多くの人が賛成するであろう」発言の中の「各論」的な具体策として、成田氏が「集団自決」問題で具体的にどの程度のことを念頭に置いていたかというと、ある程度踏み込んだ例としては、多くの国で行われている実例として、以下のような

ものがあると試案を述べています。

（筆者による要約）

多くの国では、自力で食べ物を飲み込むことができなくなるなど、移動・排泄・食事・入浴などの日常生活動作のレベルが一定以下になった場合、大枠でいえば徐々に公的医療保険の適用を弱め公的介護保険に移行することで公的負担を抑えている。自費で延命することはできるとしても、子どもや未来への投資を削ってでも一定以上の延命を公的に促すことには慎重になろうという趣旨で、日本でもそういう発想は必要なのではないか？

この部分については、意見が割れるとは思います。特に、自費と公費で〝命の格差〟が生まれることへの抵抗感が日本では根強いことは理解できます。私も拙速な導入には反対したい気持ちがある。

ただし、前記の要約部分で成田氏も言っているように、「この程度のことは欧米含めどの国でもやっている」んですよね。米国は言うまでもなく北欧などでもかなりドライな運用がなされていることは有名ですよね。
ここで、
〈いや、大変なコストなのはわかっているし、欧米でもやらないことなのはわかっているが、それでも日本は社会の意志としてこれをやるという決断をするのだ。「命に差をつけてはいけない」という強い意志を見せるのだ〉
……という意思決定をするならわかります。それはそれで一つの選択だなと思う。
しかし、そもそも成田氏の発言を見れば「せめて欧米なみの制度にダウングレードできないか」程度の話しかしていないことがわかるはずですが、
〈長年の自民党支配が続いてきたことでここまで日本社会は破壊されてしまったのかと暗澹《あんたん》とした。非人間性の極みのような人間に唖然とする。彼ら支配層はただただ、私たち市民を搾取する自分たちの権力の維持だけにしか興味がないってことがこの一件からですら一目瞭然なのである〉
〈人権の大切さを理解しない未開国家ではこんな成田みたいな〝ナチスと同罪〟レベルの人間がでかい顔をしてのさばってるんだ。あーあ、日本ってほんと、人間の尊厳を理解する高潔な人間には生きづらい社会で実に実に嫌になりますよねえ〉

……みたいな話がSNSには溢れかえっており、そもそも現状認識からして全くズレていることがわかります。

〝昭和の議論〟だって「敵」を血祭りにあげて終わりだったのは同じ

この文章の冒頭で、今のネット論壇は「論破という病」にかかっていると述べました。深い議論をして新しい解決策を見いだすのでなく、インスタントに「敵」を攻撃して何か意味あることを言ったかのように勝ち誇る〝平成の議論〟は実に空疎でけしからんですよね！

では、成田悠輔氏の平成的言論を攻撃している皆さんは、さぞかし、さぞかし現実を多面的に深掘りした建設的な議論をされていたことでしょう！　世界一の高齢社会における福祉の持続可能性に関する成田氏の経済学者としての切実な問題提起に対して、〝昭和の議論〟はどういう解決策を提案していたのでしたっけ？

日本では、例えば20年前に比べて重税感のわりに色々な公的支出が削られている現象を「自民党がお友達だけを優遇して私物化してるから」だと、当然のように考えている人が多いのですが、もっと根本的なこととして世界一の高齢化で現役世代と高齢者とのバランスが崩れていることが最大要因です。

数億円とか、数十億円ぐらいの公金が不正に支出されているみたいなことは右にも左にもあるでしょうし、それを追及するのは自由ですが、根本的な要因は誰のせいでもない、高齢化にあるんですね。

そしてその高齢化の進行が止まらないこと自体、自民党がクズなせいだ！　っていうのも定番の論理ですが、日本の出生率は東アジアの経済発展した国々（台湾・韓国・シンガポール・中国沿海部など）の中では**むしろ異様に高い**ぐらいなのです。

自分たちなりにできることはある程度やってきた中で、東アジアの文化的特性としてこうならざるをえなかった運命の先で、じゃあどうするんだ？　という課題とまっすぐ向き合わないといけないんですよね。

誰か逆側の「敵」が（自民党が、あるいは逆に左翼勢力が）邪悪で私利私欲のために無駄金を使ってるから、こうなっているわけではない。

「論破という病」を乗り越えるためには、この**「我々善人たちの敵」を徹底的に打ち倒しさえすれば全てがうまくいく、という20世紀型の妄想から目を覚ます**必要があるのです。

そういう議論から脱却し、**政敵ではなく「問題そのもの」と向き合う**のが21世紀の〝令和の議論〟の大前提となります。

必要な〝令和の議論〟とはどういうものか？

例えば医療制度問題について考えると、そもそも論として「あの輝かしい欧米諸国は日本政府よりも圧倒的に素晴らしい政策を打っており、我々は悪の自民党に投票し続ける劣等民族だからこんなに低レベルのサービスを受け続けているのだ」という強固な妄想がはびこっています。

まずその時点で間違っていて、医療関係者の多くが口を揃えて言うように、日本みたいに高レベルな医療を安価で、田舎でも貧困層でも受けられるシステムを整備している国はそうそうありません。

アメリカが、結構な富裕層でもちょっとした病気で破産することがあるような医療制度になっているのは有名です。対比的に「欧州は医療が無料だっていうじゃないか」と言う人がいますが、なかなか予約が取れず、重要な手術でも数ヵ月〜半年待たされる例も多いのです。

「医療制度のトリレンマ」という言葉があって、「安さ」「アクセスの容易さ」「質の高さ」、全部を同時に満たすことは不可能であり、どれかを諦めなくてはいけないという状況を指します。

日本は、「無料ではないにしろ世界的に見てかなりの安さ」「相当な田舎でも高度医療を受けられる上、〝コンビニ受診〟的に気になったらすぐ診てもらえるアクセスの容易さ」「世界最高とはいわないもののかなりの質の高さ」を全て実現しようとして、天井知らずの医療費を税金で補塡し続けている状態にあります。

そのために一部のお医者さんは他国ではありえないレベルの過重労働を強いられていますし（それが理由で私立医大の女子配点問題なども発生した）、厚生労働省が薬価を無理やり引き下げようとするので、治療に必要な普通の薬の供給システムが崩壊しかかり、手に入らない薬剤が出てくるという笑えない事態にもなっているし、元々ある程度高い技術を持っていた日本の医療技術関連の会社が、最先端技術競争から脱落しつつある原因にもなってしまっている。

そうやってかなりの無理を重ねに重ねている現状にもかかわらず、それでも医療費の爆増っぷりは本当にすごくて、ついこのあいだまでは「たしか40兆円ぐらいだったかな？」と記憶していたのが、調べるたびに兆円単位で増え続け、２０２１年度に45兆円の大台に乗ったかと思えば２０２３年度には47兆３０００億円にもなっています。（ちなみに同じ２０２３

年度の日本の国家予算総額が年間たった114兆円でしかないことを考えると、いかにものすごい額なのかがわかると思います）

さらに恐ろしいことには、この数字はもちろん少子高齢化でも増えていきますが、これから1件数千万円〜1億円する最新高度医療が続々と普及することでもさらに急激な増加が見込まれているのです。

「成田悠輔はナチスの再来」とか言って「論破」しているだけでなんとかなる問題じゃないことが伝わったでしょうか？

成田氏の言ってることをただ批判しているだけで具体的なことは何も考えていない（〝昭和の論壇〟的な）論者の人たちが言っていることは、いわゆる**〝竹槍でB－29に戦いを挑むようなもの〟**なのです。全く現実性がない。

さらにそういう人はえてして今の日本の社会保険料まで含めた広義の〝重税感〟については文句を言う側だったりすることも多く、いったい何を考えているのかと思います。真剣になんとかする方法を具体的かつ必死に考えないと、どこかで破滅的な制度改悪が行われるのは目に見えているような状況なのです。

しかしもちろん、そこでどうしたら具体的な解決策が見つかるのかを必死に考えている人たちも一部にはいます。

今は〝昭和の議論〟と〝平成の議論〟の両方から遠ざけられて孤立無援になってしまっていますが、そういう、**具体的な課題と向き合って解決策を考えている人を真剣に迎えに行き、社会で共有**できるようになっていかねばなりません。

それこそが〝令和の議論〟のあるべき姿です。

例えば、理化学研究所の元研究者で今はビジョンケアという医療技術ベンチャーの経営をしておられる高橋政代氏は、X（旧Twitter）で「自賠責保険」と「任意保険」が分離して両立している自動車保険のような制度をうまく組み合わせるべきだという提案をされていました。https://x.com/masayomasayo/status/1839078927870079023
あまりに高額で特殊な高度医療を使いたい人は月数百円の掛け捨て保険に加入してカバーできるようになれば、公的保険の負担額は減りますし、なんとか高度医療化と国民の平等の両立の道が見えてくるかもしれません。

これに限らず、真剣な課題意識を持って医療省人化・低コスト化・集約化・その他の工夫を全力でやって、〝コンビニ受診〟的なものも少し諦めてもらって、貧困層以外のご老人には3割負担までは認めてもらって……というあらゆる具体的な対策を真剣に打っていくことで、アメリカのように金持ちと貧乏人で受けられる医療が全然違う国にならないようにする道がなんとか見えてくる。

「成田発言はナチス！　決して許されないのだ！」と言うだけで終わるのか、高橋氏のような、現場で真剣に具体的な方法を考えている人のところに取材に行って話を繋ぎ、社会的に適切な対策を打っていく流れを後押しするのか？

それが昭和や平成の議論と〝令和の議論〟の分かれ目です。

そこで、成田発言に反感を感じるいわゆるリベラル寄りの人間こそが、真剣に「リーンイン」して（あと一歩踏み込んで）具体的な解決策を模索する必要がある時代なのです。

なぜなら、この話は本当にデリケートな配慮を積んだ上で対策を行わないと、日本の医療の安心が一気に毀損されていってしまうからです。

成田発言が問題だと感じる人こそが、むしろ真剣に医療制度の細部の具体的な話に踏み込んで必死に考えることが必要な時代なのです。

「政敵」ではなく「問題」と向き合えよ！

成田発言に関わる3つのタイプの議論をざっくりまとめてみましょう。

《平成の議論》成田発言のように直球の「ネオリベ」型改革を求める議論
《昭和の議論》それに対して「このネオリベで人の心を失ったナチスめ！」と反対するだけで具体的な話は皆無な議論
《令和の議論》実際に日本の医療制度のどこに問題があり、具体的にどうすれば広い範囲の平等を実現できるか、真剣に考えて関係者を巻き込んでいく議論

ここまで書いて伝わったかと思いますが、〝昭和の議論〟も〝平成の議論〟も、相手の話を全然聞いていないことでは同罪なのです。

平成型に「老人は金を使いすぎなんだよ！」みたいな方向で議論を進めれば、当の老人たちは自分の身の危険を感じて必死に抵抗するに決まっています。集団自決発言に反発する人たちの意見には当然の存在意義がある。

しかし、日本社会の運営という現実問題から逃げるわけにはいかないので、経済学者としての成田氏の警鐘自体にも存在意義はある。それをただ「老人に死ねと言うのか」とか叫んでいるだけで何も具体的な検討をしない昭和型だって「論破という病」に侵されているとい

う意味では変わりません。

相手の存在意義を否定しはじめると、結局どれだけ頭が良さそうなレトリックをこねくり回しても、「俺たちは正しいがあいつらは間違っている」という以上の情報は一切含まれていない発言になってしまいます。

本書は、相手の存在意義を否定せずに呑み込み、発展的な議論をする発想を「メタ正義感覚」と呼び、これからの私たち日本人が身につけていくべき〝令和の議論〟のあり方として共有していくことを「第1の柱」とします。**「イデオロギー的な敵」=「政敵」を論破することではなく、協力し合って具体的な問題解決を行うことこそが、〝令和の議論〟の目的となるべき**なのです。

では、なぜ日本社会はこの20世紀型の不毛な議論に陥ってしまうのでしょうか?

「議論ができない国」で過去20年やってきたからこそ、これからの反撃がある

その本質を深掘りしていくと、実は、**過去20年の日本は、「全く現実的な議論ができない混乱状態」であったからこそ、これからの時代は反撃のチャンスがあるのだ**

……という、大変意外な活路を見いだしていけるということが、本書の「第2の柱」となります。

過去20年、グローバル経済の波に普通に乗れていた国では破壊されてしまった社会の基礎にある〝何か〟が日本には生きていて、徹底的に現場レベルの工夫を積み上げることで、その〝何か〟を新しい時代とシンクロさせていく、そういうチャレンジが必要とされているのです。

「分断の時代」の日本人の使命……という本書のサブタイトルに込められた意味がここにあります。

過去20年の時代の荒波に日本よりももっと「合理的」に対応できていた国々が、いまや以前なら考えられなかったレベルの社会的分断と罵りあいの混乱に陥っている例が世界中で見られる一方で、なぜか日本では徐々に安定した対話と議論が可能になりつつある……という機運を感じている人も多いはずです。

今後もっと丁寧な「令和の議論」ができるようになっていけば、**私たちは自分たちの「笑ってしまうほどのグダグダさ」に実は本能的に秘められていた奥深い知恵について知ることになる**でしょう。

このあたりは、これまで20年間、地方の中小企業など現場レベルのさまざまな課題と向き合ってきたからこそ提示できるビジョンとして、期待していただければと思います。

大都会のインテリのサロン的な集まりにおける内輪話だけでは決してたどり着けない、社会の分断を超える新しい共有軸を作っていきましょう。

社会の現場レベルの実際の課題と強固に結びついた、具体的な解決策の方向性があってこそ、ＳＮＳで相手を論破し喝采を浴びること自体が目的の９割というような「論破という病」を超える議論というものが可能になるのです。

夢を描こう！　そして実現しよう！

私はよくメディアでの発言やウェブ記事などで、
〈社会の中に何か問題があった時に、「安易に誰かを〝巨悪〟に設定して叩いて終わり」みたいな紋切り型の議論でなく、その問題の背景を深掘りし、どこでスレ違っていてどうすればいいのかを掘り下げるメディアの発信こそがこれからの時代には必要なのだ〉
……という話をしています。
そしてそういう発言をすると、ＳＮＳを通じて同世代のマスコミの「中の人」から、

〈実は自分もそう思っていました。これからのマスコミの役割はそれだと思う。世代交代も進んでいますし私も頑張ります〉

……という声をいただくことが結構あります。

〝昭和の言論〟と〝平成の言論〟が、両方とも主に主導者の年齢的問題から影響力を失っていくにつれて、マスコミの「中」から論調を変えていこうというミドル世代の人の思いを感じることは多い。

そしてあらゆる議論は発信者以上に読者（受け手）が存在してくれないと成立しないわけで、メディアの中の人たちと連携して、そこで建設的な令和の議論を共有していく多くの読者こそが、変革において重要な役割を果たすことになるでしょう。

また、今はSNSを通じて誰もが発信者になれる時代なのはいうまでもありません。発信者側からも読者側からも、協力しあい問題の根本に向かってトンネルを掘り進んでいくことが必要です。

あなたが発信者側にいようと読者側にいようと、これからの時代に必要なのは〝令和の議論〟ができる、「メタ正義的な議論のコーディネイター」です。

世の中に沢山ある生煮えの「ここをもっとこうしたらいいのでは？」の中から本当に使え

るものを選び出し、合意を取りつけ、そして現実の細部の問題を一つずつ解決する取り組みをエンパワーしていくことが必要です。

「敵」を「論破」して排除すればいい、という20世紀型の発想から、問題自体に取り組み、現実の複雑さから逃げずに細部の調整を徹底的に行って解決を目指すような21世紀型の議論への転換を実現しなくては。

この社会の中に生きるさまざまな立場の読者のあなたの、それぞれの持ち場で、「左と右のバカ殿さま」たちに引き裂かれてしまって結局どうしたらいいのか問題が放置されっぱなしになっている部分において、本書が提唱する「メタ正義的な解決」をどう具体的に積み重ねていけるか。

その方法について、本書の中で一緒に考えていきましょう。

第1章　「メタ正義感覚」とは、何であって何でないのか？

「メタ正義感覚」は、相手が持つ正義も自分が持つ正義も、両方を尊重する世界観です。お互いに敬意を持つところからスタートしないと、ただの罵りあいにしかならないからです。

しかし、こういう風に話すと、**「ただ足して2で割った妥協策」みたいなものを想像する人が多いのですが、それは全く違います**。

どう違うのか？　どうすればいいのか？　この章ではそれを説明していきたいと思います。

お笑い芸人コンビ「ロザン」の YouTube チャンネルで、私の前著『日本人のための議論と対話の教科書』（ワニブックスPLUS新書）を紹介してくれたことがあります。

ロザンの宇治原史規さんと私はほぼ同世代で同じ京都大学の隣同士の学部出身なので、そういう縁もあって気に留めてくれたのかもしれません。

本の内容をシリアスに取り上げて議論するような内容ではなかったのですが、お二人はお笑い芸人ならではの本質を摑むセンスから、

「相手の〝言っていること〟ではなく、相手の〝存在意義〟と向き合うこと」

……という部分が「メタ正義感覚」のコアではないか？　という話をされていて大変私も勉強になりました。

自分とは違う考え方を持っている他人が目の前にいる時、それぞれの「正義」が対立しあいます。その時に、「相手の正義の存在意義は何だろうか？」と考えることが大事なのです。

そして、

「自分的にOKな方法で、相手の正義の存在意義を尊重するにはどうすればいいか？」

……と考える。これが「メタ正義感覚」のコツです。

え？　意味がわからない？　「相手の存在意義」って何？　テツガクの話？

戸惑うのも無理はありませんので、まずは具体的な例を挙げて一緒に考えてみましょう。

家族旅行の行き先を「メタ正義的」に考えてみる

例えばあなたはパートナー（旦那さんあるいは奥さん）と、お盆休みの家族旅行の行き先

を相談しているとします。

そこで、相手が「沖縄に行きたい」と言い出したとしましょう。

でも、あなたはその案が気に入らないとします。

あなたが気に入らない理由は、例えば飛行機が嫌いだとか、移動時間が長いとか、この時期は混んでいるとか、シーズン料金が高くてコスパが悪いとか、まあ色々あるでしょう。

でも、ただ沖縄行きを否定し、自分が行きたい別のアイデアを押しつけるだけでは、「人が二人いる意味」が全くありませんよね。

一瞬はそれで押し切ってしまえたとしても、20年ぐらい経ってから夫婦喧嘩をした時に、「あの時の旅行だってこっちの意見聞いてくれなかったじゃん！ いつだって自分のことばっかりしか興味ないいんでしょう！」

……などと突然蒸し返されて離婚の遠因になってしまったりしかねません。（ジェンダー論的配慮からできるだけ〝女言葉〟的に見えないようにセリフを書きましたが、こういう発言は男女どちらにも実によくありますよね）

そういう時に、相手の「言っていること」ではなく、相手の意見の「存在意義」とどんどん向き合っていくことが大事なのです。

そのパートナーは、なぜ沖縄に行きたいのでしょうか？　綺麗な海で泳ぎたいのでしょうか？　「ザ・観光地」みたいな気分を味わいたいのでしょうか？　「パーッとインスタ映えする散財をしたい」という望みがあるのでしょうか？　「日常を忘れられる非日常的な空間で何も考えない数日間を過ごしたい」みたいな欲求でしょうか？

「メタ正義感覚」は、相手の言っていることの背後にあるその意見の「存在意義」に対して敬意を払って理解することから始まります。

もちろん人は、自分の欲求の本質部分まで自分で理解できていないことも多いでしょうから、そこは雑談しながら徐々に探っていくような姿勢が大事になってきます。右に並べた「理由たち」も、一つだけでなく色々な欲求がごちゃまぜになって存在している可能性が高いです。

こうやって「相手の言っていること＝沖縄」でなく「相手の意見の存在意義」まで踏み込んで理解していけば、そこに自分の側の欲求を通していく余地が生まれます。

例えばこの例でいえば……

- 「別に海じゃなくても、非日常的空間でぼーっとできる時間がほしい」

↓「なるほどね！　じゃあ海じゃないのはゴメンなんだけど、実は行ってみたい山奥の秘湯があってさ、このウェブサイト見てほしいんだけど、超非日常空間で頭空っぽにできるスポットとして有名で……」

・「ベタな観光地！　って感じでなくてもいいから、綺麗な海で泳ぎたい」

↓「なるほどね！　実はさ、知り合いで千葉の外房に別荘持ってるヤツがいるんだけど、沖縄と違って結構空いてるわりに海が綺麗らしくて、おしゃれなカフェやホテルも最近増えてるらしくてさ……」

・「人に羨ましがられるようなインスタ映えする散財をしたい」

↓「なるほどね！　実は前から行ってみたかったリゾート施設があって、沖縄じゃないんだけど、こういう写真とかこういう写真とか、めっちゃインスタ映えする体験が沢山できて……」

……こういう感じで、相手の「言っていること」ではなくて、相手の意見の「存在意義」を深く知れば知るほど、**自分の望みも相手の望みも両方のせられる「クリエイティブな解決策」を見いだしていける**のがわかるでしょうか。

一回だけの提案だけでは相手の望みの芯を捉えられないとしても、いろんな提案をぶつけてみて相手の反応の上がり下がりを観察していけば、どんどん精度を上げていくことができます。

そのプロセスでは、自分ひとりで考えていたのでは決してたどり着けなかった、思いも寄らない新しい発想に出会っていけるはずですし、それでこそ、二人で何かする意味が生まれるというものです。そういうクリエイティブな第3の道を具体的に工夫していけば、どちら側の正義も抑圧されずに済みますよね。

「メタ正義感覚」は「足して2で割った妥協策」ではない

「メタ正義感覚」という用語については、私はずいぶん前から本やウェブ記事などで発信していて、読者の方が日常の中で使ってくださっている例も増えてきました。

しかし、時々読者の方から「倉本さん、こういうのがメタ正義感覚ですよね？」というように質問される例のうち、いくつかの例はただ評論家的に俯瞰して考えているだけだったり、単に「足して2で割った妥協案」的なものであったりという誤解があるように思います。

こういうものは、「メタ正義感覚」とは呼べません。

考えてみてほしいのですが、「足して2で割る」時には、実はどちらの正義も尊重されていない場合が多いですよね。自分が持っている正義も、相手が持っている正義も、結局妥協させられて、「現実はこうなんだから仕方ないじゃん」という押しつけの中に埋没させられてしまいます。

メタ正義的解決とは、もっとクリエイティブなものです。

先ほどの家族旅行の例を考えるとわかりやすいかと思いますが、例えば、相手は「沖縄に行ってゆっくりリラックスしたい」と思っているのに、その本質的な理由に踏み込まずに意見の外面だけを受け取って、「じゃあ沖縄に行くって案は合わせるからできるだけアクティブに動き回ろう」と押し込んでしまうと、中途半端になってそもそもどちらも望んでいないプランになってしまいますよね。

この例の場合、あなたが求める「アクティブさ」と相手が求める「リラックス」を両立させるのは少し難しいですが、例えば遠出をしないで近場にして移動時間を短縮することで、「アクティブさ」と「リラックス」をそれぞれ思う存分楽しめる選択肢が見えてくるかもしれません。

そして、どんどん相手の意見を深掘りしていって、「相手が許容できるタイプのアクティブさはどの程度なのか」「相手が求めるリラックスとはどういう種類のものか」を細部まで理解できれば、例えば山奥まで車で行って周囲を軽くトレッキングし、その後秘湯の温泉宿で思う存分ゆっくりするプランなどにたどり着けるかもしれません。

このように、「メタ正義感覚」で意見を出し合っていると、最初のアイデアとは似ても似つかないようなプランに落ち着くことが珍しくありません。

メタ正義感覚における「協力」的側面と「競争」的側面

より踏み込んで考察すると、このプロセスには「言語化能力のシェアリング」という協力しあう側面と、「自分の意見を相手に呑ませる」という競争の側面があります。

ぼんやりしている相手のニーズを、言語化能力が得意な方の人が遡って深くひもといていき、言語化・明確化することで、「沖縄に行く」というアイデアの背後にあった本質的なニーズにたどり着くことができる。これが「言語化能力のシェアリング」という協力しあう側面です。

一方で隠れた別の側面もあって、それは、メタ正義的に発想できた方が自分の意見を押し通すことができるという、競争の要素です。

例えばあなたがどうしても沖縄に行きたいなら、相手が沖縄は嫌だと思う部分を深掘りしていき、そこを回避する提案をすれば（例えば混むのが嫌だと言うなら沖縄の中でも穴場の旅行先を見つけるなど）、二人で沖縄に行く道も見えてくるでしょう。

このメタ正義的なプロセス全体を見た時に、**「どれだけ相手のニーズを汲み取った提案ができるか」の競争**を行っているのだ、という発想もできますよね。**その競争に勝った方が、もともとの自分のアイデアを押し通すことが可能になる……という面も、メタ正義的解決の本質としては存在します。**

私は、コンサル業のクライアントの経営者や、文通で繋がっている友人たちに、「メタ正義感覚が大事ですよ！」などと直接言うことはほとんどしていません。（そんなことを言うのは〝教祖〟みたいで照れますからね）

でも、長いおつきあいになっている人たちは、私の本なりウェブの発信なりを読んでいることがほとんどですから、「メタ正義感覚」という言葉は当然知っていますし、そして実際に日常においてそういう態度を自然に取るようになっていると言ってくれることが多いです。

メタ正義的な発想を常に取るということは、ある意味でフィジカル（身体的）なレベルの話なんですね。

クライアントのある経営者が、「倉本さんの本を読むようになってから、一時冷え切っていた妻との関係まで改善した」と言っていて笑ってしまったことがあります。

彼によると、昔は奥さんの意見を聞くのは「自分の面前数センチで大声で怒鳴られている」ような気持ちだったが、今は「応接室のゆったりしたソファに座り、お茶を出されてお茶菓子も食べながら、面白い話を聞かせていただく」ような体感になってきたそうです。

相手が何を言ってこようと自分もそれで我慢させられることはないし、むしろ新しい世界が見える楽しみがある、という「未知の結論に開かれた身体」であれば、相手を否定する必要はなくなってくるわけですね。相手が自分の想定外の意見を言ってきても、それによって自分の意見をもっと強化することができる。

そして最も大事なのは、**相手の正義を尊重しさえすれば、自分の側の正義を我慢する必要がなくなる**ということです。

特にこの部分が、「メタ正義感覚」を政治や経営の議論に応用していくために重要になってきます。

経営レベルにおける「メタ正義的解決」の例

次に、あるクライアント企業の経営者と一緒に、「これがいわゆる〝メタ正義感覚〟ってヤツの教科書的な例だよね！」と笑いあった事例をご紹介します。

かなりマニアックなグッズを扱う小売店チェーンなんですが、顧客に発行する紙のスタンプカードを携帯アプリのポイントに転換するにあたって、現場でかなり抵抗があったんですよね。

これがアメリカ型の経営だと、そういう現場の作業員なんぞに意思決定権や参加意識は存在しないという扱いですから、サクサクと無理やりにでも導入してしまえばいいし、抵抗するヤツなんかクビにしてしまえ……という発想になりがちです。（結果としてそういうソフトウェアの導入が進みやすくなるというメリットはあります）

一方で日本人の組織は、現場レベルの人もある意味で過剰なまでに当事者意識のあることが多いので、無理やりゴリ押しすると、会社の規模にもよりますが時々「勝手に現場が方針をスルーして実行されない」ということすら起こります。

過去20年の日本はここで〝昭和の議論〟と〝平成の議論〟同士で罵りあいばかりをしてい

ましたよね。

結果として「どうすれば協力しあってうまくいくようにできるか」という発想が壊滅的になりがちだったので、経営としては「〝平成の議論〟でゴリ押しする」しかない場合が多かったように思います。

「ウダウダ言ってんじゃねえ。従え！」

……だけで押し切ってしまい、現場の不満がたまって、今まで普通にできていたオペレーションすらできなくなってきたりすることもある。

あるいは、現場の抵抗を尊重しすぎるあまり、「たったこれだけのことに紙とハンコが何枚必要なんですか？」的な非効率なオペレーションが延々と残ってしまうというのも、昨今の日本では実に「よくある不幸」になってしまいましたね。

どっちの悲劇にも陥らないためには、「メタ正義感覚」が大事だ……と私とそのクライアントの経営者は常々話し合っていたので、現場側の正義とちゃんと向きあうことにしました。

現場にいる社員の懸念は、

- ずっと紙でスタンプをためてくれていたお客さんが離れてしまうのでは？
- 移行がスムーズにいかず、店のオペレーションが滞ってしまうのでは？

- そもそも新しいことを覚えるのが面倒くさい……

……と、**一つひとつ挙げてみると実は真剣に考えるべき課題の表れではある**わけです。

結果としてその会社では、

- 既に紙でためてくれていたスタンプ分を納得感のある数のアプリポイントへ付け替える。この比率の設定と、そのハートフルな演出を考える
- アプリの画面遷移が最小回数になるよう設計を丁寧に見直し、面倒な情報入力をしたくない人でもとりあえずただダウンロードすればＱＲコードが表示される設計にしておく
- 移行プロセスが現場の負担にならないように、給料が出る勤務時間を使って練習する時間を作る

……という施策を丁寧にやることで、抵抗していた現場の人たちがむしろ途中から積極的に細部のアイデアを出してくれるようになり、隅々まで滞りなくアプリへの移行を実現することができました。

このように、一つの会社の中を「メタ正義」的なコミュニケーションが双方向にスムーズに流れてさえいれば、「大きく見た戦略」と「現場レベルの細部の課題への配慮」が何の苦労もなく自然と両立するようになっていくのです。

「フィジカル」なレベルにならないと意味がない

「メタ正義感覚」をわざわざ言葉で説明するとこういう感じになるのですが、先ほども書いたように、私はコンサル業のクライアントや文通で繋がっている友人たちに

「メタ正義的に考えましょう！」

……などとは恥ずかしすぎるのでほとんど言わないようにしています。

また、次ページの「メタ正義トライアングル」の図のように、アメリカのビジネス書的なフレームワークを作って、空欄を埋めていけばメタ正義的解決が実現する……という発想も、少し気恥ずかしく感じてしまいます。（もちろん、分析的思考力に優れた人にはこういう説明がフィットするとは思いますので、そういう方は、私の著書『「みんなで豊かになる社会」はどうすれば実現するのか？』などをお読みください。特に質問4と質問5を考えるというのは、いつでも大事にしたい発想だと思います）

なぜ、最近の私が「メタ正義感覚」について理論的な説明をすることに躊躇しているかというと、本当に相手に敬意を払う精神を持っていたら当然こういう振る舞いになるんじゃない？　という気持ちがあるからなんですよね。

図①　メタ正義トライアングル

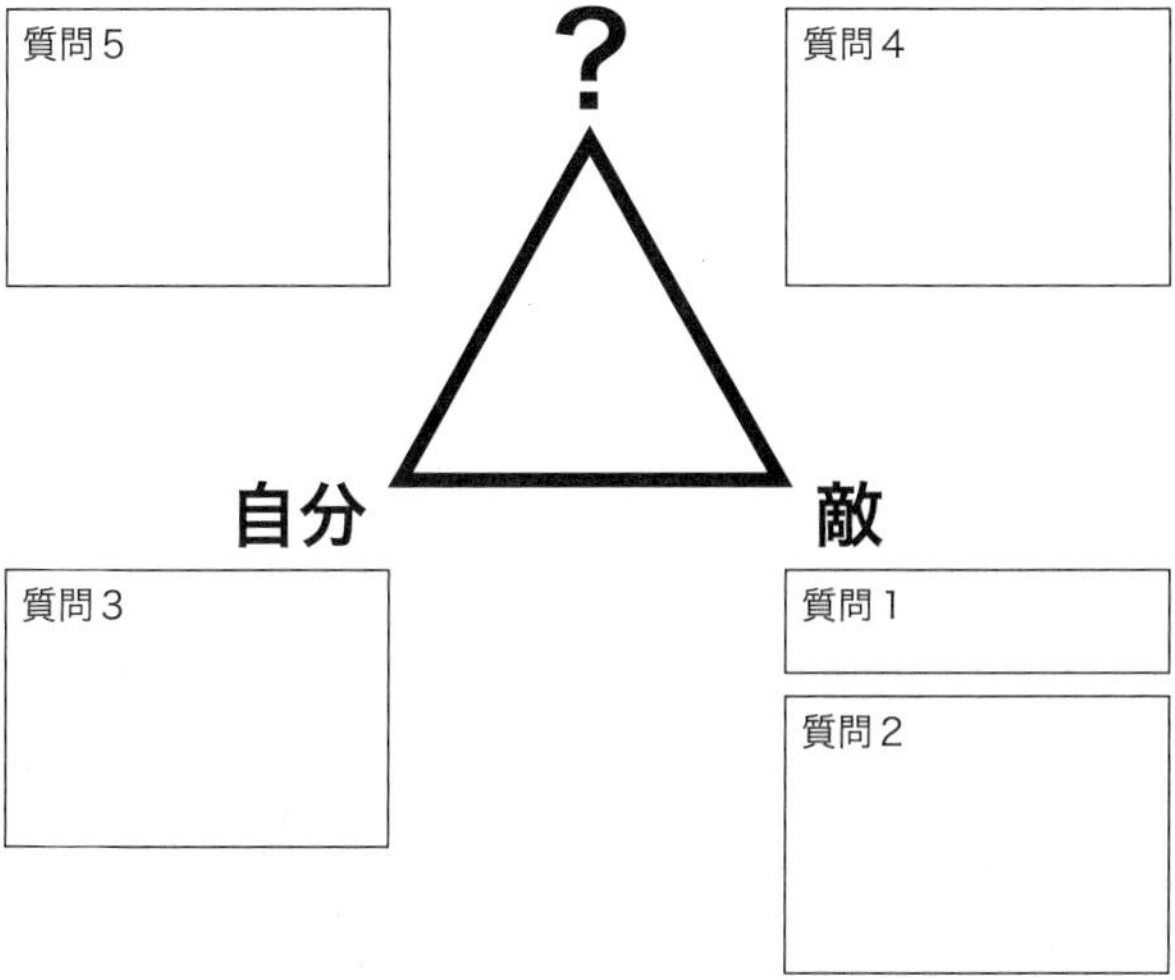

【質問1】 あなたが殺してやりたいほど憎んでいる敵は誰ですか？

【質問2】 その「敵」の「存在意義」(“彼らが言ってること”ではないことに注意)は何ですか？

【質問3】 それでもあなたが敵を許せない理由は何ですか？

【質問4】「敵」の「存在意義」をネコソギ消滅させるために、あなたができることは何ですか？

【質問5】 とりあえずその敵とぶつからずに“避ける方法”はありませんか？

先ほど妻との関係が改善したというクライアントの経営者の話を出しましたが、「メタ正義感覚」というのはそれぐらい、思想というよりもフィジカル（身体的）なレベルのものにまでならないと意味がないと感じています。

自分という身体が持つ具体的な欲求や感情があり、相手という存在が持つ具体的な欲求や感情があり、それをリアルに知覚していれば、「言葉にすぎない表面上の正義」同士をぶつけあうことのしょうもなさが理解できるはずです。

そして相手という存在が持つ具体的な欲求や感情をフィジカルに感知できるようになればなるほど、その相手が持つエネルギーを否定せず、一緒になって同じ方向を向けるアイデアを出すのが当然なことに思えてくるのではないでしょうか。

ものすごく単純にいえば、狭い通路を向こうから人が歩いてきて、自分も向こうへ歩いていっているような状況を想像した時、そのままどっちも道を譲らずに「おうおう、どのツラ下げて道を塞いどるんじゃ、どかんかいコラァ」とか言い合ってても意味ないじゃないですか。

こっちが譲ろうかな？　とお互いの意向を感知し合って、ほんのちょっと体をかわしてすれ違い、「お互い気持ち良く通り抜けられて良かったねえ！」と笑顔を交わしあうぐらいの余裕は、人間として当然持ってしかるべきではないでしょうか。

包丁の使い方にもメタ正義感覚は宿る

「メタ正義感覚」についてフィジカルなレベルでわかりやすい例だなと思い、私自身がよく紹介する例として、「包丁の使い方」があります。

その話の前に、ちょっと私の父親の話を聞いてほしいんですが……。

私の父親は、みんながスーツを着て出社している弁理士事務所に（客先に出張する日以外は）モンベルの山用シャツで出社し、コレクションしている小さなアウトドアナイフを常にベルトにつけていて、山で焚き火をしたら着火剤とかなくても新聞紙から見事に薪に火をつけるし、曲芸みたいなコマ回しもできるし、川原でたまたま拾ったビニールのゴミ袋とそこらへんで拾った木切れから作った凧をいとも簡単に天高く飛ばしちゃうようなこともできる異能な人なんですね。

そして、そういう「都会のペーパーワークからはわからない物事の本質とはこうなのだ」と事あるごとに息子に語りたい〝団塊の世代の男の美学〟的な精神の人なんですよ。

（ちなみに〝男の美学〟という言い方がジェンダー論的に気になる人がいるかもしれません

が、現代ではこういうリアルな知恵の伝承が壊滅的に破壊されてしまいがちなところを〝男の連帯感で〟ギリギリなんとか保持している側面があると思うので、これからはこういう伝承に女性の方も積極的に関わっていただければ〝男の〟とかいう言い草も自然と消滅していくと思いますのでぜひよろしくお願いします）

私が小学生の頃だったと思うのですが、その「父親からの厳粛なる伝承タイム」みたいなタテツケで彼が、

「刃物っていうのは、〝刃を走らせる〟ように使わないと切れないんだよ。押しつけたって切れないんだ」

……と言って、いつも持ってる小さなアウトドアナイフを私の目の前でバンバンと自分の手のひらに叩きつけてみせたのを私は鮮明に覚えています。

隣にいた母親は「きゃー！　こわい！　わかっててもやめて！」と叫んでいましたが、自分はその光景がしっかり頭に焼きついていて、事あるごとに思い出していました。

ある時、夕食作りのために包丁を使いながら、ふと、大昔に父親が自分の手のひらにアウトドアナイフを叩きつけていた映像が浮かんだんですよね。

そして、試しに「刃を走らせる」ようにしてみたら、もう嘘みたいに「スパーッ‼」と切

れて、今までの人生で使ってきた全ての包丁たちと、切ってきた全ての肉たちに「ゴメンナサイ」しないといけないない気持ちになりました。

「刃を走らせる」というのは、あえて説明すれば包丁を前後に動かしてこすりつけるというような動きです。

手先が器用な読者の方からすれば「何を今さら当然なこと言ってんの？」と思う人も多いかもしれませんが、初耳だなと思ったあなたは、肉や魚のようにやわらかいものや、いちばんわかりやすいのはトマトのような切りづらいものを包丁で切る時、まずは大げさに「包丁の刃の端から端まで」使うつもりで前後に刃を動かしてみてください。

ええー？　今まで自分が「包丁で切る」と思ってやってた行為は何だったんだ！　って思うはずですよ。

変な言い方ですが、

「包丁が包丁であることを感謝するように」使ってあげられるかどうか？

こういう発想が「メタ正義感覚」の本質だと思います。

そして、そうやって相手の本質を活かすように動けば、「肉を綺麗に切りたい」という自分のエゴも、何の滞りもなく100％心置きなく満たすことができる。

……という部分こそが、本書で最も重要な発想です。

ちなみに、「刃を走らせる」ように使うことは、包丁使いの達人ならともかく普通の人の場合は短期的にさっさと大量にミジン切りを行うといった日常使いのニーズに反することも多く、適宜目的に合わせ、どこまで本質的な側面を意識するべきか調節していくのが大事なのも、現実世界と同じでなかなか学びが大きいですね。

「さっさとご飯を作らないといけない」という現実の事情からいつもいつもは意識できないとしても、時々はちゃんと包丁が望む使い方をしてあげるようにしてみてください。

そのうち「刃を走らせる」本質が身についてくれれば、それ以外の使い方をするとなんだか不快な気持ちになるようになってきます。

器用さは人それぞれなので誰もがすぐできるようにはなりませんが（私も全然うまくはないです）、玉ねぎのようなものを切る時でも、ほんのちょっとでいいから「刃を走らせて」あげるようになっていきましょう。そのうち日常のニーズに対応するためのスピードを維持しながらも、普通にできるようになっていくでしょう。

そうやって「メタ正義感覚」が日常のあらゆるところで身体化されていくのです。

「形だけの尊重してるフリ」が溢れている時代にこそ

なぜ私がここまで「メタ正義感覚」はフィジカルなレベルで理解しないといけないと強調するかというと、「形だけの尊重してるフリ」みたいなものが現代には溢れすぎているからなんですよね。

あやしいビジネス書みたいなレベルで「傾聴が大事です」という言説が広まっているために、こちらの目を見て完璧なタイミングで相づちを打ちまくってくれるものの、頭の中は「どうやって論破してコイツを黙らせてやろうか」みたいなエネルギーでいっぱいになっている人、現代社会にいっぱいいますよね？

そういうペラッペラの表面上の相手への尊重が溢れている時代に、真にメタ正義的な動きをしたいなら、それはフィジカルなレベルまで浸透したものでなくてはダメだ、ということは何度強調しても足りないぐらいです。だからこそ、「メタ正義感覚とは何か」を考える時に、ぜひ、ちゃんと使えば驚くほどスパァーッ！　と切れる包丁体験を、思い出すようにしてみてください。

これは、日常レベルでいえば、車の運転とか、子どもと遊ぶ時とか、性行為で（あるいは日常的な何気ないコミュニケーションの中で）愛しあう時とか、または日常からビジネスまで討論する時にも、同じ〝本質〟があると私は思います。

家族旅行の行き先を決めるとなった時、相手はあなたがかけがえのない家族として選んだ人なのですから、お互い楽しめる行き先じゃないと意味ないですよね？

相手という存在の本質に興味を持って知っていくようにすれば、それとシナジーする形で自分のエゴをのせることができますから、１００％何の滞りもなく自分の欲求も満たせます。会社全体で利益を上げれば社員の給料だって上げられる。協力してほしいですよね。でも現場で働く人々の懸念は重要な経営上の〝センサー〟の役割を果たしてくれています。センサーが伝えてくる情報と丁寧に向き合って、それを取り込んでどんどんブラッシュアップした施策を実行していきましょう。

社員は意見を尊重され意見を取り入れてもらって嬉しい。会社がうまくいって経営者も嬉しい。顧客も適切なリレーション管理で今まで出会っていなかった情報をプッシュしてもらえて嬉しい。いうことないですね。

「論破という病」がはびこる現代社会において必要なのは、この「メタ正義感覚」の達人を育てていくことです。

何も悪いことをしていないように思っている善人の集団が回り回って生み出す「悪」や、どう見ても悪人という存在が社会の基礎の部分を崩壊から守っている「善」性といった、何周もして戻ってくる因果関係の結び目を丁寧に丁寧にほぐしていく作業が必要なのです。

今日本中に溢れている「論破という病」は、例えるなら〝知恵の輪ができなくてかんしゃくを起こしたバカな怪力男〟のようなものだと考えましょう。

そういう前世紀の亡霊を乗り越えて、本当の問題解決を次々と積み上げていくには、ありとあらゆる、日常レベルから、経営のレベル、そして日本の政治といった大きなレベルまで、社会の中で縦横無尽にメタ正義的な関係性の連鎖が無数に起きるようにしていくことが必要なのです。

社会全体になるとメタ正義感覚の難度はハネ上がる

本書のここまでの話をどう受け止められたでしょうか？

「メタ正義感覚」というと非常に抽象度が高いことを言っているようですが、「家族旅行」「経営におけるコミュニケーション」「包丁の使い方」というレベルで説明すると、「そうそう、自分もそういうことに気をつけて日々生きていたよ」と思っていただける人も多いのではないかと思います。

大事なのは、その本質的な協力関係を、社会全体のレベルにまで応用していくことで、「20世紀型の不毛な議論」＝「論破という病」を克服していくことですよね？

しかし、メタ正義感覚を社会全体に応用していくとなると、途端に特有の難しさにぶち当たります。

なぜなら、「家族旅行」「経営におけるコミュニケーション」「包丁の使い方」といった問題は、そもそも一緒にやっていく気のある人間だけが関わっているけれども、社会全体レベルになると、自分とは全く違った考え方を持った人たちとの協力関係が必要になってきます。しかも、相手はそもそも問題を解決しようとは思っておらず、延々と華麗な「論破」パフォーマンスをしてSNSで喝采を受けること自体が目的になってしまっているかもしれない。

こういう時には、メタ正義的な共有ストーリーを作っていく必要があります。なぜなら、社会が真っ二つに分断され、「自分たち善人の邪魔をするあの悪人どもを排除すれば全てが良くなるのだ」と言い合っている状態だと、メタ正義的解決などやりようがないからです。

過去20年の日本は、「日本社会の細部の事情とかどうでもいいからとにかく〝カイカク〟が必要だ！」という平成の言論と、「それによる現実問題の破綻を避けるための惰性の延長のゴリ押し」という昭和の言論との綱引きになり、クリエイティブで前向きな工夫の持ち寄りはほとんどできない状態になっていました。

その状況を超えるには、**まず現状の認識自体をメタ正義的な観点で捉え直していかないといけない**のです。

どういうことでしょうか？

本章で述べたように「メタ正義感覚」の本質とは、他人へ敬意を払い、開かれた身体を持って「相手の存在によって自分が変わる」ことにオープンであることでした。

次章から、その本質レベルの話を、いよいよ日本に山積みのアレコレの具体的課題に応用していく方法について考えていきます。

そのためにまずは、「過去20年の日本経済が不調だった理由と、これからどうしていけばいいのか？」を題材として考えながら、「現状認識自体をメタ正義的に転換する」方法について考察していきます。

第2章　過去20年不調な日本だからこそできること

第1章では、「自分たち善人の邪魔をするあの悪人どもを排除すれば全てが良くなるのだ」という、20世紀型の問題認識＝「論破という病」を乗り越えるための、「メタ正義感覚」という発想について、例を出してお話ししました。

第1章以後では、その「メタ正義感覚」の本質を、山積みの社会課題に応用していく、より具体的な方法について考察を深めていきます。

そしてまず本章では、日本経済の苦境を題材に、20世紀型の党派争いを超えたところにある共有ストーリーを作っていくことから始めます。

そのような見方をすることで、メタ正義的解決の持ち寄りが可能になるだけでなく、「過去20年不調だった日本だからこそできる今後のチャレンジとは何か」という本書の裏テーマでもある第2の柱が見えてくるのです。

菊陽町やニセコが「世界の普通」

経営コンサルタントの仕事をしていると言うと、プライベートで出会った人などから少し挑戦的に（あるいは好意的な雑談の一環として）、

「日本経済ってなんでこんなにダメになっちゃったんですか？」

……と聞かれることが結構あります。

そんな複雑な問題を、天気の話をするかのように聞かれても困りますよという気持ちにはなりますが、ざっくり述べると、

〈昭和の価値観・社会の運営方法のまま、ずっと変えられずにここまで来てしまったことが大きいのではないか〉

……という話をすることが多いです。

とはいえ、では2000年代初頭のタイミングで日本社会が「もっと〝カイカク〟が必要だ！」という掛け声の嵐の中に飛び込んでいけていたら良かったのか？　というとそうでもないと思っていて、「これからの飛躍」のためには「これまでの停滞」も必要だったのだ、

というように理解するべきだと考えています。

どういうことでしょうか？

半導体投資で沸く熊本県菊陽町や、ウィンターリゾートとして活況を呈している北海道のニセコの話を、ニュースなどでお聞きになった方もいるかと思います。

豊富な再エネと安定した原発の稼働による安価な電力や、水源の豊かさなどが注目され、世界的半導体企業であるTSMCをはじめとし、ソニーグループなどの関連工場も次々進出する熊本県菊陽町。恵まれた雪質と、新千歳空港からのアクセスが注目され、国際的なスキーリゾートとして開発が進んできたニセコ。なかには清掃業などの仕事でも時給2000円を超える例があるようです。東京以上の高額時給ですね。

これは非常に特殊な例のように見えますが、グローバルな経済の流れに自然に乗っかっていくと、ある程度こういう感じにはなるものだと私は感じています。

ここ20年、日本は言葉の壁もあって世界経済の流れとは遠いところで自分たちだけで引きこもり気味に経済を運営してきましたが、例えば英語圏の国などは問答無用にこういう流れに呑み込まれ、そこら中に菊陽町やニセコのような存在があると考えてみましょう。

それらの国と経済発展の度合いを数字で比べれば、日本が劣後するのはまあ当然といえそうですね。

では、過去20年の日本の不調は、過去の延長にこだわって国を閉ざし内向きにグダグダと惰性の運営をしてきた〝昭和のバカ殿さま〟たちが100%悪い！　ということになるのでしょうか？

その問いに対する本書の答えは「NO」です。そういう片方だけからの発想では日本に横たわる本当の課題を解決することはできません。

グローバル経済に開かれるとは格差が拡大し社会が病むことでもある

「普通にグローバル経済やってました」というような欧米の国と比べると、日本社会はなにより安定しています。

犯罪率はとにかく低いですし、失業率も異例に低い。欧米（特にアメリカ）でよくあるような、都市の中心部で薬物中毒者が徘徊しているということもほとんどありません。

まだまだ製造業が頑張っている土地も多く、一握りのインテリに限らず幅広いタイプの職業人の自己効力感が生きており、アメリカのラストベルト（錆びついた地域）と呼ばれるエリアのように、地域全体が無力感と恨みをため込んで、巨大な政治的不安定さの原因になってしまっているということもない。

経済が世界一レベルだった全盛期に比べれば、全体として緩やかに衰退しているのは明らかですが、過去20年のグローバル経済に裸で飛び込んでしまった国が抱え込んでいるような解決不能の問題からは距離を置くことができているでしょう。

そういう意味で、「過去の日本をぶっ壊せ！」と言うだけでその先のビジョンは特になく、「アメリカみたいになんでできないの？」と言うだけでその先を具体的に考えなかった**平成時代の「もっと〝カイカク〟が必要だ」という論調をシャットアウトしてきた意味もまた、あった**のだという捉え方が必要なのです。

とはいえ、このような現状認識に反論がある方もいるかもしれません。

目先のカネのことだけを考えて自分たちの紐帯をグローバル資本に売り渡した売国自民党政権によるネオリベ政策で破壊され尽くしてしまったのが今なのでは？　と考えている人も一部にはいるでしょう。

ちなみに「ネオリベ」というのは、シカゴ大学の学者グループなどを中心とする経済学の一つの学派としての新自由主義（ネオリベラリズム）がもとになっている言葉ですが、今では新自由主義経済学を離れて「庶民の敵」「竹中平蔵とか小泉純一郎とかああいう〝売国奴たち〟」を表すざっくりとした悪口言葉になってしまっていますので、本書では〝そういう意味〟で使います。

もちろん、1億人以上の人口がいて、平成時代の前半には世界第2位のGDP（国内総生産）規模を持っていた日本は、例えば北朝鮮のように〝グローバル経済の普通〟を全面拒否できたわけではありません。

しかし冷静に日本政府の政策を見ていけば、解雇規制は一切緩和されなかったし、毎年何十兆円と社会保障費を税金から補填し続けたし、移民の大量導入にもNOを言い続けてきたし……と、諸外国でネオリベ（新自由主義経済学）とイメージされるような政策はほとんど実行されずに来たのも事実だと言えるでしょう。

ただそれでも、日本が諸外国よりも悪辣なネオリベ政策を取ってきたように見えるとしたら、その政策で得をする人と損をする人がイビツな分布になっていたことが理由だと考えられます。社会の安定性をグローバル経済の荒波から守るために、ほぼ世界一だった「昭和の経済大国の遺産」を冷凍保存して食い延ばすような政策を行ってきたので、その恩恵の行き渡り方が独特のイビツな分布になってしまっている面は確かにあります。

具体的にいえば、いわゆる伝統的な大企業の正社員や公務員の立場はものすごく守られる一方で、その完璧に守られた椅子と千変万化する経済の荒波とのギャップは全て、派遣社員のようなかなり不安定な立場の人たちが〝衝撃吸収材〟としてダメージを一手に引き受けさせられる構造になってしまった側面がある。

また、よく指摘されるように、離婚したシングルマザーのような立場の人が色々な意味でシワ寄せを受けて苦労する社会の構造になっていることも事実でしょう。

そういう過去20年の間〝割を食う〟立場になってしまった人が、今の日本の秩序を憎悪する気持ちになることは、大変理解できることですし、一種の正当性のようなものもある。

しかしそういう人たちですら、日本国全体が「昭和の経済大国の遺産」を食い延ばすことで毎年巨額の経常黒字を維持し続け、世界1位の対外純資産を積み上げてきていることの恩恵を、実はかなり受けているんですよね。

「日本国全体としては稼げている」状態を必死に維持してきたからこそ、国家の債務のGDP比率が世界一にまでなっても問題が顕在化しなかったともいえるわけです。

そうやって大きな財政支出を継続して行い、社会の安定を維持し続けてきた過去の日本の政策は、押しつけがましい言い方になるかもしれませんが、ある意味で〝割を食う〟立場になってしまった人のためでもあったのです。

なぜなら、もっと徹底した「本物のネオリベ政策」に飛び込んでいたら、そういう人たちの生活は今よりもさらにもっと悪くなっていたことは容易に想像できるからです。

もちろん、〝割を食う〟立場になってしまった人は日本社会に対して貸しがあるといっていいと私は考えていますし、そういう人たちが自分の取り分を主張していくことは大変大事なことで、その方法についても第５章で考えてみたいと思います。

しかし、損な役割を担わされた人たちのニーズを満たしていくためにも、現実に日本国の取ってきた針路が、単に自民党の利権のためだけではなく、日本社会全体のためのものであった側面をも、丁寧に理解することが必要なのだと考えていく必要があるのです。

悪夢の民主党政権？　地獄の自民党政権？

20世紀型の「論破という病」に毒されていると、現状認識自体が「自分たち善人と悪のあいつらとのたたかい」になってしまって、複雑な現象を過剰に単純化した二項対立でしか理解できなくなってしまいます。

例えば、バブル崩壊後の日本はアメリカやイギリスのような二大政党制が民主主義のあるべき姿だと思い込んで、なんとかそういう形になるように動いてきたので、どちらの支持者かによって、そもそも現状認識自体が真っ二つになってしまう傾向があります。結果として、次に述べるような二つの交わらない世界観が、ＳＮＳの中では虚しく分離したまま空中を漂っています。ＳＮＳにおける政治議論がお好きな人なら、必ず見かけたことがあるでしょうし、どちらか片方の世界観に熱中していた経験がある方もいるかもしれません。

２０２２年以後、世界的インフレや円安などの変化の時代以後の評価はまだ定まっていない部分があるので、それ以前の、「アベノミクスに賛成か反対か」といった牧歌的な二項対立が続いていた時代の話を考えてみます。

アベノミクス期の経済への批判として、以下のような数字の出し方をするのは一つの〝定番〟としてあります。

図②は、２０２１年に立憲民主党が政策パンフレットに載せていた図ですが、このように、１９９０年代の「強い日本経済」の時代から、日本では実質賃金が延々と低下してきているが、他の国（特に韓国など）では強く伸びている――これはアベノミクスが亡国政策だったことを証明している――というような議論を聞いたことがあるでしょう。

一方で、同じ時期の選挙公報として、自民党側は「アベノミクス６年の実績」というウェブサイトを作っています。

図②　2021年に立憲民主党が
政策パンフレットに載せていた図

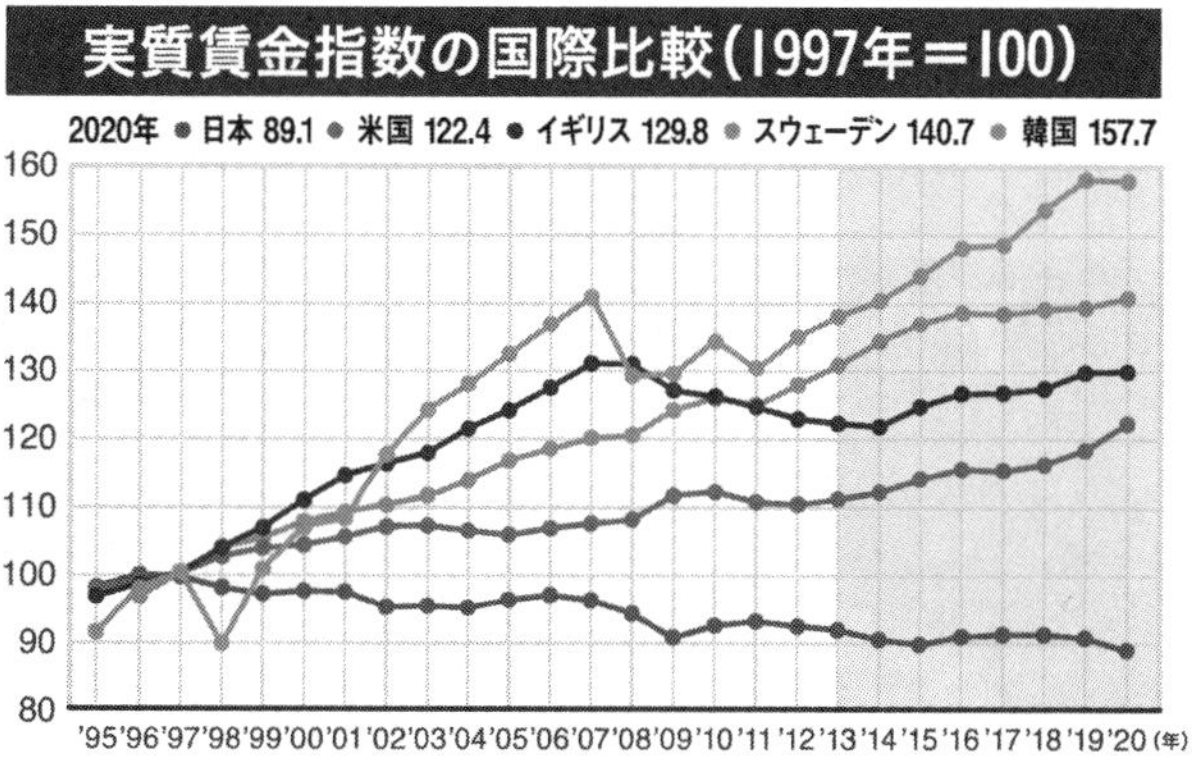

（出典）OECD.Statより作成。各国の1997年の数値を100として換算したもの

図③　自由民主党が作成した
「アベノミクス6年の実績」というウェブサイト

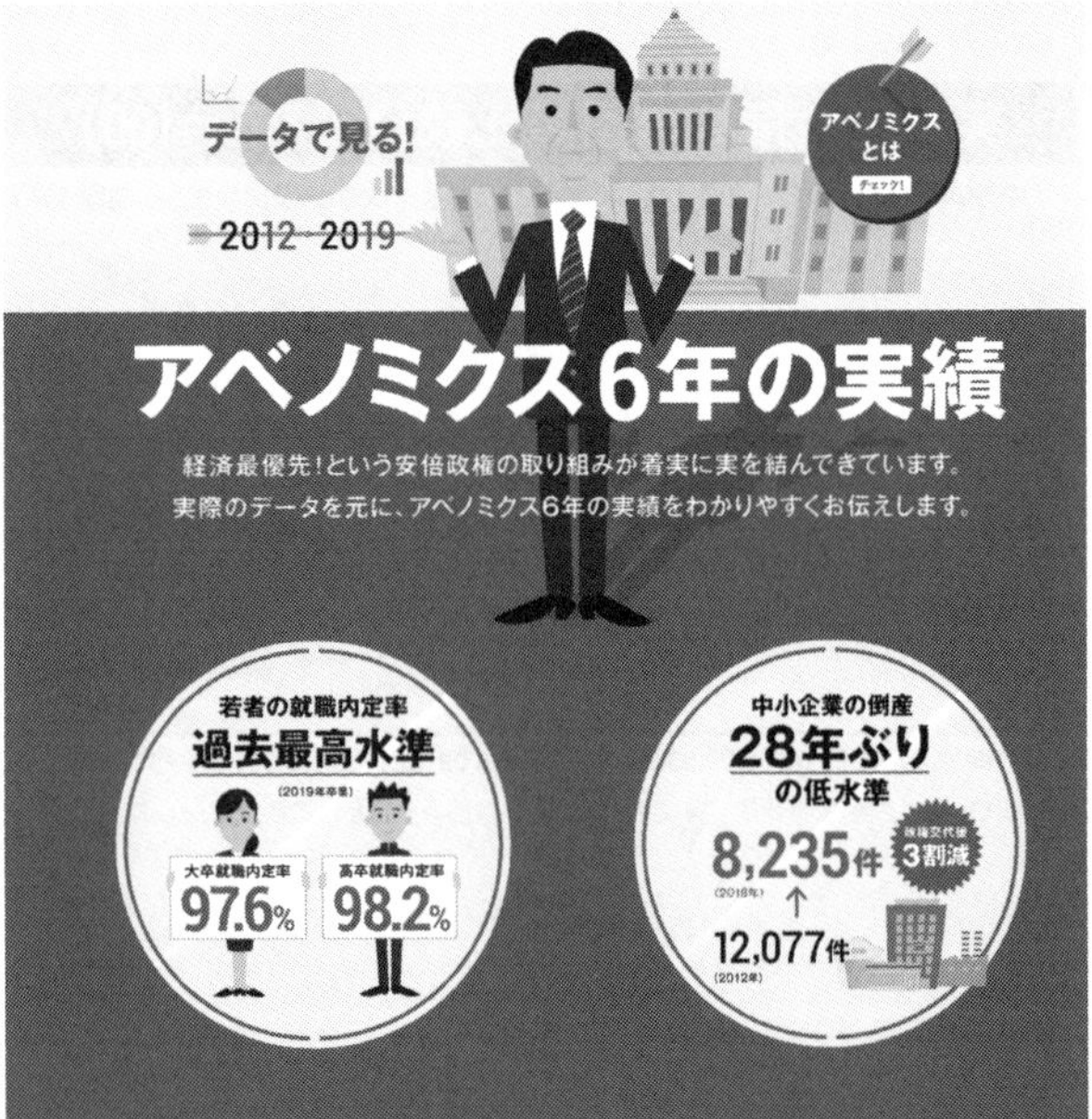

ここでは、

- 若者の就職内定率が過去最高水準
- 中小企業の倒産が28年ぶりの低水準
- 正社員有効求人倍率が（２００４年の調査開始以来）史上初の1倍超え
- 国民総所得が過去最高の５７３・４兆円

……といった実績がアピールされています。

特にこの若者の就職内定率の大きな改善と、中小企業の倒産件数の低下というあたりは主観・体感的にもかなり民主党時代とは変わった部分で、それが第二次安倍政権以降の基礎的な支持を固める要因になっていたとはよくいわれることですね。

さて！

ここからが問題なんですが、なぜここまで野党支持者と与党支持者で見ている世界が違うんでしょうか？

これは「どっちかが嘘をついている」んでしょうか？

そうではありません。これはどっちも現実なんですね。見る角度が違ったら同じものでも違って見えるという現象にすぎない。

ざっくりというと、民主党政権末期に円高になりすぎて産業空洞化が懸念されていたところ、アベノミクスは円安に誘導して、とりあえず国全体で「安売りしてでも仕事を取ってくる」状態にし、みんな忙しく働けるようにした……という因果関係があるので、

・雇用の「量」的な面でいえば圧倒的に改善している
・雇用の「質」的な面でいえばかなり厳しい状況に追い込まれた

……となるのは表裏一体のことで、どちらも真実の現象としてある。つまり「どちらも嘘を言っているわけではない」のです。

民主党時代の路線のまま突き進んでいたら、地方の製造業の蓄積といったものはかなり壊滅的なダメージを受けていたでしょうし、アメリカのラストベルトと呼ばれるような地域が日本中のあちこちに生まれていたでしょう。

もちろん、そちらに進めば今の日本よりも〝平均賃金が高い〟国になっていた可能性はあります。しかしそうなるためには、今のアメリカが実現しているような、最先端技術分野に膨大な金額を投資し、どこの国にも負けない勝ち筋をオリジナルに切り開き続けることが必須でした。

そのハイリスク・ハイリターンな道を日本は進むべきだったでしょうか？

理屈としてはありえる方向性だと思いますが、一方で当時の民主党は、最先端技術分野の研究費用を「2位じゃダメなんですか？」とか言って削るような方向性だったわけですよね。これでは、最先端技術一本で世界で戦っていく徹底的にオリジナルなビジョンを当時の日本が持てていたとはお世辞にもいえないでしょう。

結局、とりあえず自分たちを安売りする方向に動き、最先端技術分野からは多少脱落気味になってしまったけれど、いちおうまだ世界一の自動車産業を中心とした地方の製造業を崩壊から守り、経常黒字を積み上げ、日本という共同体を必死に守ろうとしてきたアベノミクス期の日本のことを、フェアな目で見て私は責められないと思います。

平成時代の「まどろむような平和」を望んでいた国民

文通の仕事で繋がっている、「平成時代が自分の青春だった」というある30代男性が、AKB48の総選挙が世間の大きな関心事だったような平和な平成の世の中を懐かしんで以下のように言っていたのが印象的でした。

〈(生まれてこのかたずっと不況不況って言われ続けてきたけど)「どんどん便利に、どんどん安く、どんどん痒《かゆ》いところに手が届くように」なるという形で、俺が生きてきた平成時代でも〝豊かさ〟は右肩上がりに進行していた、という感覚があります〉

個人で思い切りチャレンジしたい人には不評な時代でしたが、しかし大学生は苦労せずだいたい就職できる時代が続きました（この状況を強引に維持するためにアベノミクスはあったといってもいいぐらいのものです）し、次々と便利なものや美味《おい》しいものが安価で供給され、全国に普及していく時代でもあった。

デフレ時代は、〝消費者にとっては〟悪いことではないですし、先の彼の台詞のような感覚を持っている同世代の人は多いのではないでしょうか。

「日本版ラストベルト」があちこちに生まれ、社会がもっと殺伐として街には薬物中毒者が溢れている状況と（しかもその上でアメリカみたいに高度産業を伸ばすこともできない可能性もあった）、今のなんとなく安定はしている日本と、どちらが今後の可能性が開けているか？　と考えてみるべきなのだと思います。

もちろん、アベノミクス期の日本が完璧だったわけではないし、その副作用も現れてきて〝その先〟を描かなくてはならない時期になっていることは明らかです。

しかし、日本国民が安倍政権を選んだ理由を理解せず、「自民党の高齢政治家が自分たちの利益だけを考え、庶民のことはどうでもいいと考えている極悪人の無能だったからだ」というような20世紀型の思考停止な現状認識を吠え続けるだけでは、じゃあ具体的にどこをどう変えたらいいのか？　を現実に即して考えることができません。

今の野党政治家はこのあたりでどうしても党派的にならざるをえず、だからこそ余計に、現実の舵取りを任せられる信頼感が失われている側面があります。

「アベノミクスの失敗で円安になって庶民が貧しくなってしまった！　日銀は利上げをすべきだ！」

……とSNSで言って支持者から何万もの〝いいね〟を集めたかと思えば、いざ日銀がその通りに利上げをし、そのショックで株価が下落すれば日銀と自民党をまた批判する……というような一部の野党政治家の言動は、普通に考えると

「結局どっちに進めと言いたいんだこの人たちは！」

……となりますよね？

アベノミクスからの転換を考えるには、

・アベノミクスがなぜあの当時の日本には必要だったのかをフェアに理解する

・結果として今はどういう課題が立ち現れてきているのかも理解する

・アベノミクスを必要としていた事情への手当てをした上で、どうすればその先の課題を解決できるのか考える

……という「メタ正義的」姿勢で、党派的なあの**「敵」ではなく、問題自体と向き合うこ**とが必要です。

現状認識の時点で「20世紀型の論破芸」になっていたら、その先のメタ正義的な解決など作り出しようがないということなのです。

実は中堅世代の有志はみんなわかっている

最近、自著やウェブでの発信が広く読まれるようになった結果、野党国会議員の勉強会などに呼ばれてお話しする機会が増えて理解したことなのですが、意外に思われるかもしれませんが、実はここで指摘しているようなことは、野党国会議員でもわかっている人は多いのです。特に、中堅世代以下の国会議員の間では、ごく一部を除いて当然の前提として共有されているといっていい。

国会議員と話してみて意外だったのは、彼らにとって案外「辻立ち」（街頭演説）というのは大事な時間なのだ、ということです。

選挙区がない比例代表で当選した議員などは、エアコンの効いた議員会館の自室でスマホのXを見ながら、黙示録的終末論風味のSNS映えする〝世界を二分する善と悪のたたかい〟に熱中していればいい場合も多い。

しかし、自分の選挙区を持ち、そこで多種多様な意志を持った有権者と触れ合わないといけない議員は、駅前で「辻立ち」をするだけで多種多様のニーズにぶつかりますから、それらに全身全霊を傾けてぶつかっていかないといけないのです。

〈倉本さんが言っているようなことは、「小選挙区を持っている議員」は実は誰でもわかっていることだと思います〉

……と、ある左派系野党の議員に言われたこともあります。

20世紀的文法での罵りあいをしないとメディアが取り上げてくれない（と思い込んでいる）とか、一部の高齢の左派支持者へのアピールに必要だとか、そういう事情ゆえに「論破という病」を止められずにいるが、本当はこのままではいけないということはわかっている、という議員が沢山いると知れたのは、大変勇気をもらえることでした。

また、テレビなどのいわゆるオールドメディアに呼ばれる機会も増えて、メディア関連で働く「中の人」と話すようになると、ここでも特に中堅世代には「上の世代みたいに対立構図を作って煽っていればいいわけじゃないのはわかっている。これからはちゃんと事実の細部を調べて、問題解決志向で報道していかないと」という考えの人が沢山いることを知りました。

その他にも、私のウェブ記事などの発信に対して、現役の大新聞の記者の人などから、「これからのメディアの使命という意味で大変勉強になった」というようなメールが届くことも時々あります。

全てが20世紀型政治対立に見えるビョーキの世代が、1年、また1年と時が経つにつれて引退していく中で、これからの日本は「論破という病」を超えて、つまり党派的な全否定合戦を超えて、具体的な問題解決志向の議論を共有できるようになっていくでしょう。

2010年代前半の日本の状況を考えれば、アベノミクス的に「昭和の遺産に引きこもる」ことを選んだ国民の選択には一定の合理性があった。そのおかげで、日本社会は欧米や韓国ほどのあまりに非妥協的な社会の政治的分断は起きていないし、失業率も低く、治安も良く、一握りのインテリに限らず多くの職業人の自己効力感も崩壊していない。

その**守り通してきた自分たちのコアを使って、今度はどうやって次のターンでの経済振興を考えていけばいいのか？** という問いを発すること。

「論破という病」を克服し、メタ正義的に考えるには、まずそういう出発地点に立つ必要があるのです。

次章以降では、アベノミクス的政策によってとりあえずの社会の安定を保ったことで守りきったものとは何だったのか？　についてさらに考察を深めていきます。

私たちが「守りきったもの」「捨てずにいたもの」こそが、過去20～30年の日本経済の不調の原因そのものでありながら、同時にこれからの日本の反撃の起点にもなるのです。

第3章　日本が「カイカク」できなかった本質的な理由

第2章で説明した、「論破という病」を乗り越え、日本を再建するためにとりあえず採用するべき共有ストーリーは、

〈**過去20年の日本の停滞は、グローバル経済の毒から自分たちのコアの長所を守るためだった。そのことを直視した上で、これからどうやって再度繁栄を取り戻していけばいいのか？を考えよう**〉

……というものでした。

第3章では、この点をもう少し深掘りし、「もっと〝カイカク〟を！」という掛け声だけは連呼され続けたのになぜ実現しなかったのか、どうすればいいのか？　について考察していきましょう。この部分を掘り下げることで、過去20～30年の日本経済の不調の原因こそが

これからの日本の反撃の起点にもなる、という世界観を打ち立てることができるからです。

まずは私がよく使う「水の世界（グローバル）」と「油の世界（ローカル）」の価値観や長所の違い、そして両者がどう活かし合う関係を作っていったらいいのか？　という話をします。

個人主義者が心底嫌いな〝何か〟によって支えられた世界もある

私の過去の本などでも時々述べていることですが、私は中学生ぐらいの時に明確に〝左翼〟を自認していて、日本社会的なアレコレがとにかく心底嫌いな人間でした。

天皇制にも反対でしたし、敬語というシステムがあるがゆえに日本人は「個人」ではなく「立場」でしか物事を見られない無責任体制を続けてしまうのだ、とか怒っていましたし、そういう自立した近代的個人みたいな理想像からするとバカバカしく見える日本社会のあらゆる要素を、消え去るべき因習だと憎悪していました。

たまにSNSで若い人が「挨拶って必要か？」みたいな放言をして袋叩きに遭っていますが、ああいう感じの「個人から見た合理性」の原理主義者、みたいな感じだったわけですね。

しかし、その後、高校1年生の時に阪神・淡路大震災で被災し、人工的に作られた社会秩序が突然その外側からの一撃でたやすく崩壊することや、しかしその崩壊した傷を、厳密な意味での個人主義の外側にある大きな生命的な助け合いの連鎖が、強烈な集合的意志をもってモクモクと自己修復していく様子に衝撃を受け、徐々に考えを変えざるをえなくなりました。

高速道路の高架が崩れたり、かなり高いビルが丸ごと横倒しになったり、家の近所がワンブロック全て焼け野原になったり……そんな崩壊した日常生活の向こう側から、それでも治安を保ち、必死に助け合う動きが立ち上がってくる日本社会の分厚い「義理の連鎖」の存在を体感したのです。

また、高校では、全国大会に出場した回数がその時点で最多という伝統が〝売り〟な音楽系の部活に入り、その中心人物になったりして、これもまた考えを変えざるえない体験となりました。

進学校とはいえ普通の公立高校なので、新入部員の特に男子は未経験どころか「楽譜も読めない」方が普通……という状態から自分たちはスタートする一方で、関西大会には、音楽科の生徒が集まって出てくるようなライバル校もいる。

「普通に考えたら勝てるわけないじゃん」的な感じなのになぜ毎年安定して勝ち、全国大会に行けてしまうのか？

「ハグレモノの個人主義者」としてしか生きてこなかった自分にはそのことが本当に不思議でした。

幼い頃から音楽の英才教育を受けた存在以外の、「**〝そこらへんにいる普通のお兄ちゃんお姉ちゃん〟みたいな存在を、たった3年間で〝イッチョマエ〟に全国大会レベルで活躍できるように仕立てる**」メカニズムの背後には、それまでの自分が憎悪してきた日本社会の因習にしか見えないものが重要な役割を果たしていることを知ったわけです。

具体的にいえば、ほっといても頑張れる人というのは世の中のうち一握りだけであり、ほうっておいたら果てしなく堕落しちゃう人を、無理なく一つの共通目的に向かわせるための「有形無形の仕組み」が社会には必要なのだ、ということです。

そして、バリバリの知的な個人主義者から見ると心底許せないように見える因習の中には、ほうっておいたら果てしなく堕落しちゃう人を、「イッチョマエ」の存在に無理なく押し上げる儀式的価値のようなものが組み込まれているのです。

部活でいえば、地区大会に向けて雰囲気を盛り上げるため下級生が準備するイベントのようなものが色々と組み込まれていたりする。

その苦労があまりに過大なら負担軽減するべき……なのですが、いざそういう苦労がゼロになると、人間はダラダラした日常の延長では、「大会」という勝負事に向かうメンタルを高めていくことができないのです。

結果として、伝統の力が息づいていた昔なら考えられなかったようなミスが頻発して冷や汗をかいたりすることになる。

色々な深い配慮が組み込まれた因習は、ものすごくやる気に溢れた自律的な個人以外も「イッチョマエ」に活躍できるようにする深遠なパワーを持っているんですね。

とはいえ、そういうことがちゃんとわかったのは卒業後だいぶんたってからでした。

実は、私は自分が3年生になって実権を握ったところで、因習に見えたありとあらゆるものを全部廃止していったのですが、そうするとその後嘘みたいにその部活が弱体化してしまい、かなりの長期間にわたって「誰も知らない無名の高校」になってしまうという体験をしたのです。

逆に、最近はまたその母校の部活は安定して全国大会に出られるようになってきて、シーズンが来るたびに同窓会LINEグループが大騒ぎになるのですが、それはOGにあたる卒業生の女性が赴任して顧問になり、強い思いを持って取り組んでくれたからでした。

個人主義者で（狭義の）合理主義者みたいな存在からすると、憎らしくてたまらない〝何か〟によって支えられている共通善のようなものがあるのだ、と痛感せざるをえない体験をしたわけですね。

そして後に述べますが、この「狭義の合理主義者がよかれと思ってやること」が、その集団が持つ本来的な強みを掘り崩していってしまうようなことは、私が外資系コンサルティング会社に入ってからする仕事の中でも、全く同じトーンで全く同じ過ちをしているようで、ヒヤヒヤさせられる課題となりました。

最善を目指して徹底的に考え、間違いない作戦を実行しようとしているはずなのに、砂を掴んだ手のひらから砂がサラサラとこぼれ落ちてしまうように大事な〝何か〟を取りこぼしているような感覚。

日本で働いていると、そういう謎の焦りを感じたことはありませんか？

その根本的なすれ違いをいかに克服していくかを考えないと、押しあいへしあいになってしまい、どこにも進めなくなります。

アメリカのように単純な合理性を徹底的に隅々まで追求するだけでは勝てないという宿命を、日本は負っているのです。

本章ではそのあたりの事情を深掘りしていきながら、日本が本当に変わっていくために何が必要なのかを考察することにします。

水の世界、油の世界

私は、中学生時代の自分が奉じていたような徹底した個人主義・狭義の合理性重視の姿勢を「水の世界」と呼び、そして私が高校時代に参加していた部活の謎の強さや、阪神・淡路大震災の次の日には生まれていた、多くの人たちの自発的な連鎖、少しずつ傷を塞いでいくような生命的連携を生み出す基盤の部分を「油の世界」と呼んでいます。

「水の世界」では、水の最小の粒子（分子のことなのか原子のことなのかさらに小さい単位のことなのか……などと物理学的に厳密に考え始めるとキリがないのでそこは考えすぎないようにしてください）は、常にその瞬間その瞬間に最適と思える場所に移動するので、隣同士でべったりくっつきあって自分の行動が制限されたりはしません。

一方で「油の世界」では、もっと粒子同士の関係性が密であり、1ヵ所にへばりついて自分たち特有の世界を形成します。

「水の世界」で生きていた中学生時代の私は、日本社会の「油の世界」的な要素を心底憎悪していましたし、逆にあなたが「油の世界」の住人であるなら、これまでの人生で、「水の世界」の住人の行動様式を苦々しく思ったことがあるはずです。

　あなたは水と油、どちらの性質を強く持っている人でしょうか？

「水と油」は混ざらないものの代表としてコトワザになっているぐらいですから、ほうっておくと仲が悪くなりがちですし、

〈敵側を排除し、自分たちの側の論理だけで世界を塗りつぶしてしまいたい！〉

……という欲求を持ってしまいますよね。

　そして、「油の世界」の論理だけを追求すると、人々の連帯感や社会の安定性が生まれる長所はありますが、一方で個人に対する抑圧が強くなりがちですし、千変万化する情勢に鋭敏にやり方を変えて立ち向かったり、最新の技術や学識を柔軟に取り入れたりすることが苦手になりがちです。

　この「油優位の世界」をイメージしてみると、これはまったく過去20年の日本経済のようですね！

　一方で「水の世界」の論理だけを追求すると、最新の技術や学識を素早く取り入れ、急激に形を変え続けて世界中に浸透することは得意ですが、一方で、地場の人間関係の連帯、い

わゆる〝キズナ〟と呼ばれるようなものはズタズタに破壊されて社会が不安定化してしまいがちです。

この「水優位の世界」をイメージしてみると、これは過去20年のグローバル資本主義に全力で飛び込んだタイプの国（例えばアメリカ）が陥っている現象そのものだとイメージできますね？

こう考えてみると、過去20年の日本は、アメリカ型の「水優位の世界」に日本社会を丸ごと変えてしまいたい勢力が「〝カイカク〟が足りない！　既得権益をぶっ壊せ！」と叫び続け、一方でそれによって日本社会の本来の強みのようなものが崩壊してしまうのでは、という危機感から必死に抵抗をし続けた「油の世界」の住人たちが〝昭和の議論〟を押し立てて、ありとあらゆる変化に抵抗し続けた歴史だといえるでしょう。

なぜ日本社会が改革を叫び続けながらどこにも進めなかったかが見えてきましたね？

「海外で活躍する日本人の愛国的提言」が受け入れられない理由

最近、ある外資系企業の日本トップを務めた日本人が、「今の日本がなぜダメなのか」について語る……という本を読んだのですが、この著者プロフィールだけで内容が完全に予測できてしまい、〝あまりにもいつものパターン〟で笑ってしまいました。

日本人はリスクを恐れすぎている。自己主張が足りない。減点主義だ。それに対して自分はこうやって成功した……という話が前半は続きます。そして後半に、とってつけたように、「私は日本人の強みを信じている。治安の良さや丁寧さ、仕事への熱意は決して世界でも負けない」というような、本気なのかオベンチャラなのかよくわからない文章が続くわけです。

「そういうの読んだことある！」って思いますよね？

こういう提言は過去20～30年の日本で掃いて捨てるほど繰り返されてきたのに、なぜ日本は変われないのか？　それは結局**「自分は世界の半分しか代表していない」という謙虚さが欠如している**からだといえるでしょう。

本の前半で語られているような、外資系企業で成功した自分のやり方を日本国民全員に押しつけると、後半に出てくる「日本の強み」が崩壊してしまうかもしれない、という「一周回った因果関係」に無自覚すぎると、結局、平成の議論vs.昭和の議論の永久戦争になってしまうのです。

「世界の逆側には自分とは全く別個の論理で動き、彼らなりの強みの源泉を生み出している存在がいる」という発想に立つことによってのみ、自分たちの強みと相手側の強みを両立する、**「多様性を超えた連帯」**が可能になる。

先ほども述べたように、水と油はコトワザになっているぐらい「混ざらない」存在ですが、乳化剤という成分を追加すると「混ざり」ます。

水と油が混ざった状態の物質を「エマルション（乳濁液）」と呼びます。身近な日常生活の中では、マヨネーズやバターなどが挙げられます。そして食器洗い洗剤が食器にこびりついた油を水に取り込んで流せるようにするのも同じ仕組みです。

水は水の性質を保ったまま、油は油の性質を保ったまま、いかに混ぜ合わせ、協業するか？

「マヨネーズを作る」発想を持てるかどうかが、これからの日本の復権には必須なのです。

ホリエモンの改革が失敗に終わった功と罪

ホリエモンこと堀江貴文氏が２００５年にテレビ局（正確には歴史的事情からテレビ局の親会社になっていた小さなラジオ放送会社）の買収をしかけようとして、色々な反対に遭って頓挫し、その後いわゆるライブドア事件などもあり経済の表舞台から消えることになってしまった事象が、良くも悪くも日本経済のターニングポイントになったと考える人は結構います。

特に「水の世界（グローバル）」側の視点に立てば、あれで日本経済の改革が頓挫し、昭和の延長のまま時代に合わない体制がダラダラと延命し、それがその後の停滞を招いたのだ……というのが一種の「定説」となっているのではないでしょうか。

もちろん、「油の世界（ローカル）」側からすれば、堀江氏のような存在こそが諸悪の根源のように見えていることはいうまでもありません。

私は、あそこで堀江氏を拒否せざるをえなかったのが日本なのだから、今さらそういうことを言っていても仕方ないし、それを拒否した日本だからこそ残った美点を活かさなくてはならない、と考えています。

今の日本のテレビ局は本当に衰退の一途という感じですが、ただアメリカの政治状況などと比べると、日本に「とりあえずの共通了解としてのテレビ局」が存在する価値は間違いなくあるな、と思う部分はやはりあります。

アメリカではメディアも容赦ない金融ゲームに巻き込まれ、短期的利益を求めて政治的分極化が激しくなり、民主党支持者と共和党支持者で普段見ているメディアも全然違うし、その論調があまりに違いすぎて「共有できる土台」がどんどんなくなっていってしまっています。

そうやって、とりあえずの「共有できる土台」も全部マネーゲームに放り込んで焼き尽くしてしまうと、各個人はSNSで飛び交う陰謀論に弱くなりますし、「恵まれないあなたの不幸は全部〝敵〟のあいつらのせいなんです！」という意見が暴走しまくって大変なことになるのは、2021年のアメリカ連邦議会議事堂襲撃事件などを見ても明らかでしょう。

今の日本のテレビ局は、先鋭化した〝どの立場から見ても〟不満が募って仕方がない存在なのですが、ただ一点「水の世界の原理主義によって油の世界の連帯が崩壊しないように守る」という点ではものすごく重要な機能を果たしています。

「油の世界の連帯」が生きているからこそ、アメリカなら本当に希望のないスラム街みたいになってもおかしくないようなところであっても、安定した人心と低い犯罪率が維持されていたり、後に第4章で経済・経営分野の具体的な話をする時に詳しく述べるように、トヨタ自動車の現場の工員が高卒だろうと高い職業倫理と圧倒的なイノベーション創出力を維持していたり、日本社会の本当の強みを崩壊から守ることができている。

大事なのは、水の世界のグローバル経済最前線での戦いから一度降りてでも、なんとか維持しようとしてきた「自分たちの強みのコア」を、再度、グローバル経済での戦い方と連動

できるようにしていくことです。

そこで必要となるのが、水と油を混ぜる「エマルション」なのです。

政治だけでなくエンタメ分野でも……

アメリカのメディアはマネーゲームに飛び込みすぎて政治的分極化が進み、社会の紐帯の基礎を破壊してしまっていますが、エンタメ分野でも同じ現象があります。

エンタメ分野があまりに短期的視野のマネーゲームに投入されたことで、どんどん単純化して特定の定番ものしか作られなくなり、それがマンネリを招いているという批判を海外メディアで見ることはよくあります。

例えば、いわゆる「アメコミ」分野の有名な作家であるチャック・ディクソン氏（『バットマン』シリーズで有名）の、

〈日本の漫画には、ただ少年が釣りをするだけの話なのにすごく美しい名作（矢口高雄氏による『釣りキチ三平』のこと）がある。別の惑星で吸血鬼が釣りをするのでもなく、魔女たちが釣りをするのでもなく、ゾンビがいる世界の釣り物語でもなく、ただ少年が釣りをするっていうだけなのにすごく美しい作品が作れるということを、アメコミ作者は学ばないとい

けない〉

……という主旨で、定型的なパターンにとらわれず、人々が本質レベルでは共有する深いリアリティの追求により本当の多様性を実現している日本の漫画を褒めた発言が知られています。

また、海外の日本アニメファンの動画などを見ても、例えばアメリカのヒーロー物と日本アニメのヒーロー物は、〝多様性〟のレベルが全然違うのだ、という話はよくあります。例えば、以下の動画のような論評ですね。「Woke American Comics vs Manga」https://youtu.be/Elgqtwhqh5I?si=67NT7hAxaC7honOV

〈日本漫画では、例えば「戦うヒーロー漫画」を描くにしても、『ヒロアカ』のように全然力を持たずに生まれた主人公が、それでもヒーローになりたいと強く願って成長していく物語や、『ワンパンマン』のようにもともと超強い主人公が、しかしその強さゆえに生きる意味を見失う話や、『るろうに剣心』のように元暗殺者だった男がその贖罪のためにもう誰も殺さないという誓いとともに弱い者のために力を振るう話……など、「話自体が多様」である。

一方で最近のアメコミ漫画の〝多様性〟とは、「バットマンのロビンをバイセクシャルにしてみました」的な部分だけが〝多様性〟になってしまって、本来の「ヒーローとは？」という大事な問いかけの部分がおざなりになっている〉

この動画はいわゆるアメリカの「オルタナ右翼」的な論者によるものですし、バイセクシャルの存在がきちんと反映されるようになることを否定するものではありませんが、一方で**「ヒーローとは何か」「仲間とは何か」「絆とは何か」という部分で長年人間社会が積み重ねてきたもの、「油の世界」側の多様な知恵の蓄積が、最近のアメリカのエンタメ作品では弱くなっている**という批判は十分考慮に値するのではないでしょうか。

「個」の違いを超えた〝仲間性〟といった精神を「個」の全面化が焼き尽くしてしまうと、政治的な考え方が逆の側を生きている人とも「同じ社会を共有している共生関係にあるのだ」というタガが吹き飛んでしまいかねません。

昨今のアメリカ社会の混乱の要因もそういうところにあるのではないでしょうか。

もちろんそれと表裏一体のものとして、その間にアメリカの作品が培ってきたマイノリティの包摂や女性の主体的活躍という要素が日本のエンタメでは遅れていると感じる人がいるかもしれません。

しかし考えてみてほしいのですが、例えば真田広之氏をはじめとして日本人スタッフが結集してハリウッドで制作し、エミー賞を総ナメに受賞したドラマ『SHOGUN 将軍』に出てくる女性キャラクターについて、多くの現代人女性から見て異議の出る部分はあまりないと思います。

ゼロベースに自分という「個」を置くのではなく、自分の生まれた環境がもたらす「宿命」を真剣に生きることで人生を切り開いていく『SHOGUN』の女性キャラクターたちは、それ以前に欧米で流行していた「全てを〝個〟の側から見る世界観」の中に出てくるキャラクターとはかなり違う生き方をしていますが、女性の主体性を疎かにしている感じにはなっていません。

世界規模で展開していた「水と油の二つの価値観同士の綱引き」の結果として、平成時代の日本のアニメ・漫画コンテンツには、女性キャラクターの主体性を多少犠牲にしつつもなんとか守り通さないといけない価値観のコアがあったのだ、という方向で理解することが、これからの協力関係を作っていくために大事だと思います。（そもそも、そういうコンテンツを愛でて消費していた層には、実は女性もかなり多いということもあります）

最近の日本アニメの、世界的に最も売れているゾーンの作品は、フェミニスト的観点から見ても違和感のないものに徐々に入れ替わってきていますし、「個から見た世界」と「その社会から見た個」のリアルな駆け引きの中で、人類社会が長く積み重ねてきた「油側」の世界観の価値を破壊することなく、女性や各種マイノリティの主体性を物語の中に入れ込む展開が、今後は定番化してくるでしょう。

私が一番好きな日本の漫画は『ジョジョの奇妙な冒険』（荒木飛呂彦／集英社）で、次点は常に入れ替わりますが最近は『呪術廻戦』（芥見下々／集英社）に心の底から共鳴し、連載が完結する最後の1年ほどのクライマックスの時期には小学生の時ぶりに毎週『少年ジャンプ』を買って読むのを楽しみにしていました。

『呪術廻戦』には、〝禪院《ぜんいん》家を焼き尽くす真希さんの怒り〟のようなド直球のフェミニズム的エネルギーを思う存分放出する部分もあれば、原理主義的なフェミニストからするとどう考えても敵でしかない「人の心とかないんか」の禪院直哉くんが憎めないヤツすぎて人気投票でやたら高い位置にいたりもする。

このように、日本アニメ・漫画の最良の部分には、**欧米由来の抽象的な善悪概念そのものではなく、その概念をとりまくあらゆる立場の人々の〝思い〟のエネルギーを、善悪の判断を超え全部ぶちまけた上で決着させていく展開**があります。（私はあまり詳しくありませんが、例えば最近読んだ『違国日記』（ヤマシタトモコ／祥伝社）や『セクシー田中さん』（芦

原妃名子／小学館）といった日本の少女漫画にも、大枠では同じような性質があるように思います）

昨今の日本アニメ・漫画の海外人気の激増ぶりには、あまりに理屈っぽく構成されたストーリーテリングが溢れる欧米に対する、何らかのオルタナティブ（代替案）性が含まれていることは疑いありません。そういう海外の研究者の指摘もよく見かけます。

考えてみてほしいのですが、欧米諸国内でも社会が真っ二つに分かれて論争になっているような理念的な理想像を、そのまま非欧米社会に隅々まで根づかせていくことはできませんよね。

国連加盟国のなんと37％で同性愛は違法であり、女性に高等教育は必要ないという文化の国もまだまだ多いのが現状です。

それらの国に対して働きかけていく時、それでも理念的な理想像を強引に描くものも当然必要ですが、その理想を「非欧米社会の自然な人心のあり方」といかにシームレスに（接ぎ目なく）繋いでいくかを考えるようなカルチャーも絶対に必要なはずです。

このように日本社会が重視してきた価値観のコアの部分は、「油側」の人間関係の密度で大事に守り育てていかないと、短期的な売上至上主義の中では雲散霧消してしまうものであり、ホリエモンの大改革がもし実現していたら、日本もハリウッド型単純化の波に呑まれてしまっていた可能性は大いにあります。堀江貴文氏自身にそういう部分への理解があるかないか、という問題とは別の、もっと大きな文化的メカニズムの問題です。

そうなっていれば、今では世界で10億人のファンを抱え、国外需要が全需要の約半分を占めるという隆盛を実現し、年間３兆円超の売上に育っている日本のアニメ文化も、かなり違ったものになっていたはずです。

「ホリエモン的改革＝水の世界の原理主義」から「油の世界」を守ってきた意味は確実にあるし、今の人類社会のように、水の世界の原理主義への反省が生まれつつある時代には、これからがその「収穫期」であるともいえるということです。

そして！

ここからが重要なのですが、昨今の、例えば映画『鬼滅の刃』の世界的成功や、ネットフリックスなどを通じての世界中へのアニメ作品の拡販は、テレビ局の閉鎖的な権利関係から分離して世界で売りやすくする、という意味で、**ホリエモンの改革が目指していた手法そのものだという理解**も大事なのです。

つまり、堀江氏が正しかったか間違っていたかではなく、堀江氏の側のビジョンにも合理性は明確にあったが、当時の日本にはそれを受け入れられない事情もまたあった、という「メタ正義的理解」が必要なんですね。

そして、**「油の世界」が守ってきた価値を、「水の世界」の手法で売りまくる、互いを活かす連携**こそがこれから重要になってくるし、徐々に実現されてきてもいるのです。あの時は協力しあえない理由があった。逆に今は油側の価値を揺るぎなく保存できるようになってきたからこそ、これからはもっとじゃんじゃん水側の先進手法を取り入れて世界に売っていくこともできる、という「メタ正義的に共有できる世界観」への転換が必要なのです。

令和になってからは、「自分たちの長所と、アイツらの長所を活かして、もっとすごいことをやってやろうぜ！」という流れが実現されつつあることがイメージできましたか？

それこそが、過去20年、「とにかく〝カイカク〟を求める平成の議論」と「自分たちの強みを崩壊から守るために過去の惰性にしがみつく昭和の議論」との、果てしなく幸薄い罵りあいだけが続き、世界一の経済大国だった時の遺産を食い潰してなんとか生きているような時代を経てきたからこそ、これから実現できる「反撃のための勝ち筋」なのです。

「水と油」をいかに混ぜ合わせるか？　PTA改革の事例

では次に、もう少し具体的で日常的な例を挙げながら、メタ正義的に動けば、皆がほんとうは望んでいた改革が実現可能になる――という例について考察を深めてみましょう。

専修大学教授で政治学者の岡田憲治氏が、お子さんの小学校のPTA会長になって色々と「改革」を行った顛末を書いた『政治学者、PTA会長になる』（毎日新聞出版）という本があります。「油の世界」の価値を保存したまま、いかに「水の世界」の論理を通用させていくか？　という知恵が詰まった良書でした。

SNSを見ると、フルタイムワーカーにはほんとうにツラいレベルで負担の大きい作業が変わることなく延々と継承されているPTA活動に対しては、呪詛の声が沢山上がっています。なぜそこまで皆に恨まれているのに変わっていかないのか？　と不思議になりますよね。

しかしそれは、PTAみたいな活動が心底嫌いな人が「全部破壊しようとする」からだと私は感じています。

全部破壊しようとすると、それがなくなると困る人は必死で抵抗し、むしろ余計に過剰な負担が温存されてしまうことになりますよね。

岡田先生も最初は「遅れた日本社会を大学教授の俺が改革してやる」的にぶつかりにいったところがあったようですが、その後アレコレと強烈な反発を食らいながら学んでいき、最終的には、

- 負荷の高すぎる活動のかなりの部分を廃止または置き換えることに成功
- 結果としてフルタイムワーカーでも参加可能なイメージが生まれ、立候補者だけで埋まるようになった
- 事務的・儀礼的な要素はできるだけ効率化し、親同士、あるいは親と教員がざっくばらんに話し合えるコミュニケーションの時間を意図的に増やした

……というあたりの「改革」が実現したそうです。

岡田先生とはその後ウェブメディアで対談させていただき、著書を送りあう仲になったのですが、直接話せば話すほど、政治的志向はかなり違うのに、組織改革を目指す時の着地点としてのイメージは驚くほど一致したのが印象的です。

あなたも、もしＰＴＡ改革の着地点のイメージを描けと言われたら、前記のような塩梅がちょうど良い着地点なのでは？　と思うのではないでしょうか。

本書のここまでの言葉で捉え直すと、

「油の世界の価値を保全してきた伝統（ローカルなもの）」があり、それに対して「水の世界の住人（グローバルなもの）」が改革を目指す時、油の世界の価値を全否定してやろうとすると、抵抗に遭ってうまくいかない……となります。**そこを無理やりにでも破壊していくと、今の欧州の極右勢力やアメリカのトランプ派のような形で反撃を受けるようになることは確実です。**

そうではなく、「油の世界」の価値の保全をある程度考えながら「水の世界」の価値を提示していけば、双方の価値が両立する「マヨネーズ」ができ上がる。

過去20年の日本において強い意志を持って改革を目指す人は、自分たち「水の世界」の住人の論理を絶対化し、「油の世界」のパワーの保全といった発想が皆無であったことも多かったですよね？

〈PTA？　あんなの全部廃止しちゃえよ！〉

……みたいな意見を今でもSNSで見かけます。

しかし、岡田先生によると、

• 基本的に親は自分の子どもの学校に関わりたいという素直な気持ちのある人が多く、そういう「場」の存在自体は望んでいる人が多い。活動の負担が重すぎることだけが時代

に合っていなかった

- 自分が生まれ育った土地ではないところに引っ越して子育てを始めた人は、PTAのような場がなければ地域との縁を一切持たない状態で放置されてしまう

……といった具合に、実際にPTAに関わってみたら、油の世界の人間関係保全力を頼りにしている人はかなり多い、という体感があったそうです。

「油側」のニーズを尊重した上でなら、「水の世界」の価値を導入していくことは、むしろ非常にスムーズにいくことが多いわけですね。

オプトイン型でなくオプトアウト型の人間関係を保存する

私はこういう**「なんとなくの縁」を維持するためのおせっかいをいかに保全するかが、「油の世界」のパワーを排除しないために大事なこと**だと考えています。

自立した個人でありたい「水の世界」の住人は、こういう「なんとなくの縁」みたいなものが大嫌いで、できる限りそういうものを排除したくなってしまうんですね。

しかし、自らの明確な意志に基づいて選んだ人間関係以外を排除するムードが社会全体に満ちていくと、結果として孤立無援状態に置かれてしまう人が沢山出てきます。

私は「まわりに大卒しかいない」環境ではない、日本社会のいわば現場レベルに近いところに触れる仕事をしていて、彼らの高い遵法精神や勤勉性に触れるたびに、例えばアメリカのように、すぐに「それがあなたの考えなのね」と〝尊重〟されるのには非常に冷酷な側面があると感じます。

本来自分個人だけで人生の課題を全て解決できるタイプではない人まで「一切の毀損を許されない独立自尊の個人という枠組み」の中に放置されてしまいがちになるからです。

日本社会には多少、個人の自由に対して抑圧的な風土があるのは事実ですし、もちろんそのこと自体は今後どんどん改善されていくべきではあるのですが、一方でそういう風土ゆえに、親心を持って個人を戦力化し、きちんと仕事を与えて一人前に仕事をできるようにする能力を社会が持っているともいえます。

本章の冒頭で私の高校の部活の話で述べたように、そこには、特にスゴイ才能があるわけではない普通の男女を「イッチョマエ」の存在に押し上げる神秘のパワーが存在するのです。

これは「近代的個人」のような人工的な概念で捉える狭義の合理主義的なものの見方では、人間社会が持つ生命的に深いリアリティのほんの一部しか捉えられない、ということを突きつけているのだと思います。

人間の身体も、私たちが中学生の頃に理科の授業で習ったように「脳が全ての生体恒常性を判断し調節し管理している」のではなくて、全身の臓器と臓器、組織と組織が「多対多」で情報伝達物質を放出し合い、何重にも相互フィードバックをすることで健康を保っていることがわかってきた——というようなものですね。

だからこそ、「油側」の価値を破壊することは、自分の自由を愛する「水側」の住人にとっても幸せなことではありません。なぜなら「油側の人間」は自分たちにとって大事な価値が損なわれないように、「水側の人間」の自由を制限しようと必死に邪魔しに来るようになってしまうからです。

「水寄り」の個人主義的な活動を邪魔されたくないなら、むしろ自分の活動によって「油の世界」の価値が破壊されないようにする。できればお互いの違いを活かした連携ができるようにすることが大事です。そうやって**メタ正義的な関係を取り結べれば、水の世界の住人の自由な動きを、油の世界の住人たちはむしろ積極的に応援してくれるようになる**でしょう。

そこで大事な発想のコツは、「オプトイン」と「オプトアウト」という用語で説明できます。

強い意志を持って参加表明をした人のみ参加するのが「オプトイン」で、強い意志を持って拒絶しない限りなんとなく参加する（絶対嫌な人は抜ける道もある）システムを「オプトアウト」と呼びます。

水の世界の住人は「ＰＴＡなんかやりたい人だけがやりゃいいじゃん」というオプトイン型の決着を社会のありとあらゆる場所で目指してしまい、そういう場でなければ出会うことがない、社会の逆側で生きている人たちとの交流を排除してしまうんですね。

一方で、オプトアウト型の設計にすれば、自分ひとりの力で強烈に他人と関係を取り結んでいくアクティブさを持たないタイプの人もちゃんと包摂されますし、その場から何か別のクリエイティブな動きが生まれることもある。

「北風と太陽」の話のようなもので、油の世界の紐帯を無理やり破壊してやろうと思って必死に北風を吹かせると、余計に旅人は必死にコートにしがみつき、「水の世界」の論理を完全に拒否しようとしてしまいます。

必要なのは「太陽」作戦で、オプトアウト型の設計を徹底し、「とりあえずの場の共有」が壊れないように配慮すればするほど、水の世界の人間には我慢がならない「苦労の共有の押し売り」のようなものも解消していけるのです。

大谷翔平選手の活躍と、〝フィンランド教育〟の凋落

例えば、「水の世界」の住人は高校野球みたいな存在も大嫌いですよね？　ああいうのをもてはやすカルチャーこそが日本を腐らせている元凶だと考えていることが多い。（中学生の頃の私も死ぬほど嫌いでした）

もちろん、旧来型の「油寄り」の価値観だけで作られた高校野球のカルチャーが、過剰な根性論に引きずられて、成長途中の若い選手に過重な負担をかけたりする例はあったでしょう。

一方で、その「油寄り」の価値観が持つ真面目さ、他人への敬意やチームへの献身を教えるといった薫陶を授ける効果をきちんと保存する意志を示していけば、トレーニング自体に最新の科学的知見を取り入れるようなことはむしろ何の滞りもなく進みます。

投手も打者もやる「二刀流」を大リーグの最上位レベルでも実現してしまうという、漫画の世界でもありえない大谷翔平選手の活躍は、まさに「油の世界」の薫陶と、「水の世界」の科学的トレーニングがベストマッチしたところに、本人の持って生まれた才能が合致した例といえるでしょう。

平成時代の改革がなぜほぼ全て掛け声倒れになってきたか、イメージが摑めてきたでしょうか？

それは、〝欧米的な先進性〟とイメージされているものが一面的なものにすぎなかったことが、徐々に明らかになってきた過去20年ぐらいの世界の流れとも共鳴しているところがあるのです。

例えば２０００年代初頭にもてはやされた、生徒の自主性を尊重するフィンランド教育は、その後国際学力テストでの順位が急速に低下し、見直し論に晒されていることをご存知でしょうか？

修士号を持つ優秀な教師による探究型の授業。並んで机に座る形式を減らし、グループワークを重視する「ティーチングからラーニングへ」といったコンセプト。

平成時代の改革は、こういう外来の事例を持ってきては「日本の教育ってほんとダメだよねえ」と言ってみる……というような「とにかく〝カイカク〟が必要だ‼」的なレベルのものが多かったのではないでしょうか。

結局、なんらかの〝訓練〟的要素が多くの生徒には必要である……という「油の世界」の事情を無視した全否定的改革を押し通そうとして、余計に押しあいへしあいになってしまう。

とはいえ、フィンランドの教育に学ぶべきところがないわけではありません。自主的なラーニングが今の時代に必要なことは確かでしょう。

平成時代の「無条件の海外礼賛と日本全否定」的な流れと違って、令和の時代の教育改革はだいぶ「メタ正義的」になってきているように私は感じています。

「PCを操る能力が低い」と言われればGIGAスクール構想で底上げし、「読解力が低い」となれば授業の改善が呼びかけられて、2022年のPISA（国際学習到達度調査）における読解力の点数がV字回復したりしている。

こういう自分たちの長所である東アジア型の綿密な教育の基礎を掘り崩さないようにしながら、それに馴染めない人を「オプトアウト」型に別コースへ誘導するような設計になってきています。例えば、優秀層には大学と連携した教育を施すとか、普通の学校に馴染めない人にはフリースクール的な別立てのシステムを準備するとか、そういう方向性ですね。

私は遠目に見ているだけですが、グローバルな視野を持ちつつローカル側の教育に責任感を持って取り組んでおられる人々の集合的な配慮が実現している令和では、成功例が地味に生まれているように思えます。

これは今後、AIが個人個人にパーソナライズされた訓練プログラムを自動で作ってくれるような技術が普及しても、「みんな一緒にやるべき部分」をむしろ意図的に保存する強い意志を持った上での取り入れ方を考えたほうが、おそらくスムーズにその受け入れも進むだろうという予想にも繋がります。（新型コロナ時代のリモート授業は、一握りの優秀層を除いて学力低下に繋がってしまった事例から学ぶべき点ですね）

「使い分け」「活かしあい」を意識し、油の世界の価値を認める方向で動けば動くほど、水の世界の住人が自分の望みを思う存分かなえられる道が開ける。そういう「メタ正義的」決着が、令和の時代には徐々に見えてきているといえるでしょう。

さて、第３章は、「油側」寄りの読者の方には納得しやすかったかもしれません。

ローカル側の事情を勘案しない、生煮えの「改革！」を叫ぶムーブメントが次々と襲ってきては結局定着せずに、「油側」の人間が全部尻拭いをし続けてきたという側面は明らかにありますからね。

堀江貴文氏のメディア改革の野望が潰えてから20年近く経ち、やっとお互いの違いを超えた理想的連携が見えてきているように、そして社会の色々な場面での「改革！」が、とにかく日本的なものをぶっ壊せば良いという「平成のカイカク派」みたいなものではなく、実地で良い部分は残し、変える部分は変える「令和のモード」になりつつあるのも大きな希望として感じていただければ幸いです。

基本的に私が今後の日本の前途について楽観的なのは、長年私が主張してきたようなこういう「メタ正義的」な決着の事例が近年は明らかに増えてきているからです。それをもっともっと徹底してやっていくことができれば心配いらないと思います。

しかし一方で！

もしあなたが「水側」の立場の人間であり、グローバルな視野において変われない日本に苛立ちを感じている人なら、「生ぬるい！」と思うかもしれません。そんなチンタラと事情の汲み取りとかやってたらスピードが遅くなってしまって国際競争でボコボコに負けちゃうよ！という懸念は、残念ながらかなり一理あるんですよね。

第3章では「油側の事情」を主に掘り下げましたが、第4章は逆に「水側の事情」を掘り下げ、本当に「メタ正義的」な解決に向かうには何が必要かを考えてみましょう。

第4章　日本において本当に「カイカク」を実現するには

第3章までを読んだところで、読者のあなたが「水側（グローバル側）」の事情を代表する人なら、「一方的に自分たちだけが配慮しなくてはいけないのか」と不満に思ったかもしれません。

なんせ日本という国には、「日本には日本の事情がある」という大義名分に隠れ、結局どんなに必要な変化であっても参加する気はゼロの、あらゆる変化を上から目線で否定しているだけの評論家気取りが何百万人といる国ですからね。

彼らがあまりにもあらゆる必要な変化に非協力的すぎるために、「水側」の事情を代表する人間は無理やりにでも変化をゴリ押しせねばならなかった、という側面も明らかにあります。

その点は、「油側」の立場の方にもぜひわかってほしいところです。

というわけで第4章では、グローバルな国際競争や意識の変化に対応するため、今の日本がどうしても変わらなくてはいけない側面がどこにあり、それをどうやって「油側」の事情とwin-winなメタ正義的着地に持っていけばよいのかを掘り下げてゆきます。

なぜ日本は「最先端技術の国」の座から滑り落ちてしまったのか

今の若い人には想像もつかないかもしれませんが、1990年代〜2000年代前半ぐらいまでの日本は、世界的に最先端技術の国だと思われていました。

今では当たり前の、民生用のカーナビゲーションやデジタルカメラが最初に普及したのも日本ですし、QRコードやリチウムイオン電池といった今の時代を象徴する技術を発明・実用化したのも日本、今でも根強い需要があるハイブリッド車を最初に実用化したのも日本のトヨタでした。

2007年に全世界でiPhoneが発売されるよりもかなり前、世界において携帯電話が通話をしてテキストメールを送りあう程度のツールだった時代から、日本では普通に携帯電話で写真が撮れるし（若い人には当たり前すぎるこのカメラ機能を初めて広く実装したのも日本でした）インターネットに接続できるしテレビも見られるしおサイフケータイ決済もできたりして、アメリカのシリコンバレーやアジアのテクノロジー好きの人たちがこぞって秋葉原に来て最新機種の情報を漁っていたりしたのです。

今、シリコンバレーや中国の一部地域に行くと運転手のいない自動運転タクシーが普通に走っていて衝撃を受けますが、ほんの20年ほど前の日本も、そんな衝撃を旅行者が受けるような土地だった……と言うと若い人は信じられない気持ちになるかもしれません。

それが今や、もちろん限定された一部の分野ではまだ最先端と呼べるところもありますが、全体としては大きく競争で劣後するようになってしまいました。

これはなぜでしょうか？

20年前の日本人はめちゃくちゃ賢い人たちだったけど、今は全然ダメな無能ばかりになってしまったのでしょうか？

この変化について、一般的には「デジタル化」や「ソフトウェア化」に乗り遅れたという言い方で理解されることが多いのですが、それだけでは、半導体や家電といったものづくり分野でもずいぶん凋落してしまった説明がつきません。

私はこれを「**競争のやり方が変わってしまった**」ことが原因だと考えています。

これは本書のメッセージを理解していただく上で非常に大事な部分なので、経営や経済の話にご興味がない方にもわかりやすいよう、例え話をしながら説明したいと思います。

ドラクエ型からエーペックス（FPS）型へ

この「競争のやり方が変わってしまった」という現象について、わかりやすい例として、私はテレビゲームに例えて「ドラクエ型からエーペックス（FPS）型へ」という説明をするようにしています。

『ドラゴンクエスト』や『ファイナルファンタジー』など、海外から「JRPG」と呼ばれる日本のロールプレイングゲームは独自の文化を持っているといわれ、男女問わず30代以上の日本人の精神性に大きな影響を与えていると思います。

その特徴を端的にいえば、**1ヵ所でとにかく地道に〝レベル上げ〟をしていればそのうち無双できる**というゲームシステムです。

一方で、日本でも若いZ世代の人たちは徐々にこういう「ドラクエ型」世界観のゲームから距離を置く人が増えてきて、かわりに全世界的に人気なのは『エーペックスレジェンズ』や『フォートナイト』、『PUBG』といった「ファーストパーソン・シューティング（FP

S）」というタイプのゲームです。

これらは特定のマップ内で銃を撃ち合うゲームで、キャラクター能力値の差で勝負がつくというよりも、ただただ攻撃を避けながら相手の位置を感知し、すかさず狙って撃つというプレイヤースキルがカギとなっています。

私は子どもの頃に任天堂のファミコンのようなコンシューマゲーム機が家になかったことがトラウマ的になっていて、この年齢になっても年に2〜3本くらい、その時期に世界で流行《はや》っているゲームに手を出すようにしています。

そして、これまでに、純粋なFPSではありませんが「FPS要素」があるゲームもいくつかプレイし、その文化の違いに驚愕することが沢山ありました。

ドラクエ型とエーペックス（FPS）型の違いは、「見切りの判断の速さ」です。

FPSでは、戦場の地形を理解し、こちらからの銃撃の射線がうまく通らないと判断したり、あるいは攻撃には有利な位置取りができていたとしても新しく現れた敵からの攻撃に脆弱なポジションだと判断すれば、**一瞬で作戦を変更して位置取りを調節しながら次のアクションを起こしていく**ことが求められます。

1ヵ所で延々〝はぐれメタル〟を狩っていればそのうちなんとかなる、という世界とは全く違うんですね。一発撃ってみて、「あ、遠い」「あ、射線が通りづらい」「あ、左のあの敵からの攻撃に弱い」となったら即行動し、立ち回りを変化させ続けていく必要がある。その判断のスピードは、それこそ「一瞬～数秒」のレベルで、5秒とか10秒とかぼーっと同じことをしているようでは優秀なプレイヤーとはいえなそうです。

私はFPSの熟練者である若い人の動画をYouTubeで見て参考にしながら2週間ぐらい「FPS要素」があるゲームをプレイしてみて、大げさでなく普段の生活や仕事のやり方が全く変わってしまうぐらいの影響を受けました。

自分なりに地道に工夫したり練習したりする時間がゼロになるわけではありませんが、それをするとともに、できるだけ視野を広く保って情報収集を繰り返し、いろんな事例を集め、その先で自分の工夫を足していくことも大事だと感じるようになりました。

ドラクエ世代の人は、「石の上にも三年」的に頑張ることが大事であり、世の中の事例を次々と取り入れるだけでは猿真似になってしまい、「自分のやり方」を見いだせないのではないか？　と考えがちですよね。

しかし実際にやってみると「大量に集めた事例」と「自分なりの工夫」は脳内で化学反応を起こします。

もちろん、腰を据えて自分なりに徹底してやる時間がゼロになるのも問題ですが（若い人もぜひそういう時間の価値を見直していただければ）、そのドラクエ的地道さを失わずにさえいれば、むしろどんどん色んな情報を取り入れて自分を変えていくことで、「あらゆるクリエイションは組み合わせである」という〝よくある警句〟が隠し持つ本当の深い意味を知る体験にもなりえるでしょう。

ともあれ、ここから、「ドラクエ型」と「ＦＰＳ型」といった競争条件の違いをもとに、日本経済の凋落と今後の復活のための方向性について考察していきます。（〝ドラクエ型〟に対して〝エーペックス型〟と呼ばないのはちょっと不自然に感じるかもしれませんが、単に日本の読者における知名度の問題だと思ってください）

「ドラクエ分野」はまだ世界一、「ＦＰＳ分野」は超弱い日本

日本は、「ドラクエ型」で対処できる分野においてはいまだに世界で強いのです。

自動車産業もそうですし、スマホの中の小さな部品とか、半導体製造に使う特殊な機械とか材料とか、化学製品なども世界シェア１位のものが沢山あります。

一方で、「ＦＰＳ型」的に千変万化する状況に対処しないといけない分野における凋落ぶ

りは目も当てられません。

ソフトウェア関連はほぼ「ＦＰＳ型」だという話でもありますが、ソフト以外のものづくり分野でも、家電やスマホなどはこの競争に巻き込まれてしまいました。

自動車と、家電やスマホの業績の違いについて、経営学の世界では「家電やスマホはコモディティ化が進んで〝すり合わせ型〟から〝組み合わせ型〟に変化したからだ」というような説明がなされます。

家電やスマホの製造は、一社あるいは一国の内側だけで密度濃く「すり合わせ」をして精度を高めるより、既に世界共通で定番化された部品を大量に集め、〝ただ組み立てるだけ〟（これはこれで非常に優秀で粒揃いの工場従業員を世界需要の変動波に合わせてフレキシブルかつ大量に集めたりする大変難易度の高いビジネスではありますが）で良いものができてしまう「組み合わせ」型の産業になったわけですね。

結果として家電やスマホの製造は、需要の変化を先読みして部品を大量に買い集め、その瞬間に最も労働力が安い土地で大量に組み立て世界中に売りまくるビジネスになっていて、ＦＰＳのゲームのように「一瞬～数秒」とはいわないものの、例えば１ヵ月前と同じ状況判断でボケーッと同じことをやっているようでは話になりません。

　また、半導体製造装置といった「ドラクエ型」で対処できるはずだった製品の分野でも、オランダ・ＡＳＭＬの露光装置のように、世界中の研究機関や顧客と協働開発をするというオープンイノベーションを徹底した会社に大きく水をあけられてしまっているところもあります。

　この、人類全体が連動するオープンイノベーションとの接続というあり方はＡＩ分野などではさらに顕著になっており、常に世界中の誰かが発表する新しいアイデアが共有され続け、ほんの１週間前とも状況が全然違ってしまうようなイノベーションの連鎖の中で戦っていくことが必要となっています。

　この「オープンイノベーションへの対応」という話は、ドラクエ型のゲームしかやったことがない人でも、昔は小学校のクラスメートか公式攻略本ぐらいしか情報源がなかったのが、今はゲームが発売されるやネット上で続々と〝攻略情報〟が更新され、その「集合知」をいかに活用するかが重要になっている、という違いから想像できる人も多いと思います。

　さて、本章のここまでの話で、経済・経営分野の話に普段ご興味のない人でもイメージしやすいゲームの例を導入することで言いたかったことは３つあります。

- 日本のネット右翼さんの一部が信じているように、**「日本の技術力は世界一ィィ！　で**

きないことはないのだァ！」と無邪気に誇っていられる状況では徐々になくなってきているということ

……が一つ目です。

そして二つ目のポイントは、そういった最先端技術開発でうまく日本が活躍できなくなってきている原因として、

- 人類社会全体が密に繋がってどんどん知恵が追加され、たった1週間前と比べてすら全然知見が違ってしまうような競争になり、**内輪で固まって密度高く延々地道にやっていれば勝てる戦いではなくなってしまった**こと

……という「オープンイノベーション型」のあり方への対応力不足という構造的問題がある、ということです。

これが、努力と根性で〝はぐれメタル〟を狩っていればなんとかなった「ドラクエ型」の世界から、広い視野で戦場全体を見回し、一瞬〜数秒で判断を変え続けることが必要な「FPS型」の世界になってしまった、ということですね。

これは困りましたね。なんとかしなくては。

しかし、ここでさらに大事な3つ目のポイントがあります。それは、

•依然として「ドラクエ型」できっちり取り組むことが勝利の鍵である分野は残り続けるし、日本としてはそこの強みを崩壊させないようにすることも大事だ

……という部分なんですよね。第３章の「水と油」の話に戻ってきましたね？

ご想像のとおり、「油側」の組織は「ドラクエ型」に強く、「水側」の組織は「ＦＰＳ型」に強いという対応関係があります。

グローバルな環境変化に対応するために「水側」の視点に立ち、必要な改革を行おうとする時に、「油側」の事情とぶつかってしまうと、日本はそこで前に進めなくなってしまいます。

ここの部分でも、お互いの違いを活かした連携を立ち上げ、両側から協力してそれを実現することがどうしても必要になってくるんですね。

今必要なのは、その発想の転換なのです。

むしろ、メタ正義的に考えられた「明確な意志を持った使い分け」ができるようになることで、利害対立自体を消滅させてしまうのです。

「ドラクエ型」が必要な分野においては徹底して自分たちの強みを活かし、一方で「ＦＰＳ型」でやるべき分野では徹底的にＦＰＳ型の論理で動かせるようにしていく。

アメリカのように社会全体がＦＰＳ型の産業に最適化されているように見える国では、あまりに社会が流動化しすぎてコミュニティが破壊されてしまった上に経済格差が広がりすぎ、経済・経営以外の部分で社会運営上の問題が噴出しています。対立が激しくなりすぎて、自動運転タクシーが暴動によって焼き討ちにされるような事件も起きている。

後で述べるように日本では、そこで「油側」の人々の気持ちをうまく吸い上げながら、最新技術の社会実装を考えていくことがこれから重要になってくるでしょう。

では、どうすれば経済面における「水と油の最適連携」は実現していくのでしょうか？

一緒に考えていきましょう。

水と油の「使い分け」

まず当たり前の話ですが、水と油を混ぜる必要がない時に混ぜないことが大事です。

そして片側だけの価値観で逆側の人たちを断罪したりしないことも大事。

都会にあるＩＴベンチャーは、徹底的に身軽に「水の世界」の価値観で動けばいいし、一方で少しのミスが人命に関わるようなメーカーが「油の世界」の論理で動くのを邪魔してはいけない。

大きな象はその巨体によって安全性を確保できますが、その分、一日の大半を食べることに費やすぐらい、大量に食べ続ける必要があります。一方でチーターのような肉食獣は、身軽さによって獲物を捕らえる生活をしており、むしろその瞬発力を活かすために普段は休養していることが大事で、なんと野生のチーターは一度狩りに成功して満腹になると、次に狩りを行うのは1週間後ということもあるそうです。（子育て中は例外ですが）

こういう場合は「違い」をもっと「徹底的に違う」ようにしていくことが大事で、チーターが象に「お前動き遅いし体重重すぎだろ、ダイエットしろよ」と言ったり、象がチーターに「お前そんなリスキーな生活してないで毎日コツコツ食べ物集める生活しろよ」と言ったりするのがいかにバカバカしいことかわかるでしょう。

しかし私たちは人間世界だとこういうバカバカしいことを平気でやってしまいがちであり、水と油を無理に混ぜ合わせようとして大問題になることはよくありますよね。

大事なのは、**人間の組織というのは「ちょっとした雰囲気」程度のことでパフォーマンスが全然変わってきたりすると理解して尊重しあう**ことです。

第3章で述べた私の高校時代の部活がちょっとしたことで急激に弱体化してしまったように、「油の世界の結束力」はちょっとしたことで雲散霧消してしまう可能性はある。

携帯電話の中の小さい部品とか、半導体製造のための特殊な化学製品みたいなマニアックな分野に徹底的に「油型」組織で張りつき、1ヵ所で延々とはぐれメタルを狩りまくるような蓄積を重ねてその分野でダントツの技術力を磨き続け、世界シェア1位を確保してきたような会社が、「水の世界」の影響を受けて急激にバラバラに分解してしまう危険性は常にある。

昔なら考えられなかったようなミスが頻発するようになったり、あれだけ当然のように次々と生まれていた「次のカイゼン」が生まれなくなったりして徐々にパワーを失っていくようなことは、案外簡単に起きうるのです。(だからこそ、ちょっとでも〝水〟が侵入してこないようにと〝油〟の側からの強烈なバックラッシュが起きたりもする)

一方で、常に世界の動向に目配りして最新技術を取り入れ面白い製品を作っていたような「水の世界」の会社が、古い大企業と連携しないといけなくなり、メールのccに誰を入れるかとかその入れる順番が間違っていてケシカランとか延々言われるようになって、嫌気が差した社員が次々退職してしまう……というようなことも非常に「あるある」な話ですよね。

象は徹底的に「象の生態」を生きるべきだし、チーターは徹底的に「チーターの生態」を生きるべきですね……というのが当然なのに、人間社会では「単一の正しい文化」に統一し

てしまおうとする愚が蔓延しがちなので気をつけないといけません。

とはいえ、経済活動というのは、ある程度以上に大きくなるには逆側の存在と協業しないといけなくなるから難しいわけですよね。

都会のマンションの一室で動いていたＩＴベンチャーなら「水の論理」だけで突っ走っていればいいけど、規模が大きくなって社会的影響力が増せば、大企業との連携も必要になるかもしれないし、官僚システムと折衝して色々な規制に関する課題のすり合わせを行う必要が出てきたりもする。

明治時代からあるような巨大メーカーも、それぞれの技術分野に最先端の「水の世界」の技術が侵入してくる時代になったら無視はできない。

例えば化学メーカーは地味に日本がかなり強い分野です。化学は、数学的なロジックだけで扱えるＩＴとは違い、また物理学が必要な部分が大きい工業分野よりもさらに、微妙なレシピ設定の細部を追い込み、正確にコントロールする部分が重要になってくるため、「ドラクエ的に延々追い込む」ことが必要となるからだと考えられます。

しかし、こういう化学分野でも最近はＡＩ技術の進歩が目覚ましく、ある目的を果たすためのより有効な化学物質の候補とその製造方法の可能性を、ＡＩが一気に探索して絞り込んでくれたり、製造装置からセンシングされたデータをＡＩが解析してコントロールしてくれたり、「水の世界」の技術が少しずつ重要な役割を果たすようになってきている。

こういう分野では、ＡＩベンチャーが伝統的大企業と協業して技術を導入していく例が出てきていますが、それをうまく進めるには、化学メーカー側の強みを保存するための「油の世界」の論理と、先端知見を取り入れるベンチャー側の「水の世界」の論理、どちらかがどちらかを破壊してしまうことがないよう、丁寧に「お互いを活かす」着地を目指していくことが必要になるでしょう。

「油の中に水」は日本の得意分野

しかし、この化学メーカーのＡＩ活用のような例は、実のところ私はあまり心配していません。

実際、失礼ながら遠目には日本の大企業の重役さんって社内政治だけを考えてオベンチャラで成り上がったように見えたりするんですが、仕事を依頼されて実際に直接話してみると、少なくとも業界のコアな課題についてであれば当然深く考えているし、現場側の事情と新技術の事情をすり合わせて導入していくような課題はむしろ得意であるように感じるからです。

「水と油を混ぜるエマルション」という時、実は二つの種類があり、**「油の中に水」が溶けているバターのような例と、「水の中に油」が溶けているマヨネーズのような例**があります。

油の組織に必要なだけ水が溶け込むバターのような例なら、20年ぐらい前の独善的で内輪のことしか考えなかった日本企業ならともかく、最近の日本企業なら柔軟にやっていける可能性が高いと思います。

むしろ、候補物質の探索や製造プロセスのブラッシュアップのような課題は、油側の知見も活用しながらＡＩと頻度高く双方向のコミュニケーションをする必要があり、水側だけの組織以上の価値を出せるはずで、こういった得意分野は今後も残り続けるでしょう。

油の側が主導権を取れるなら、油側が配慮すればいいだけなので、むしろ日本社会は得意分野ともいえそうです。

歴史的に見ても、日本社会はこういう〝マレビト〟が運んでくる新情報を寄ってたかって取り入れて横展開しまくるのは大得意ですよね。（もちろん、油断していいという話ではないので、もしあなたが化学メーカーの社員ならこの本を上司に推薦してツッツキまくっていただければと思います）

この「マレビト型」が文化的にフィットするという話を突き詰めると、車の自動運転技術の社会実装のような、アメリカや中国では「水の世界の巨大ベンチャー」主導で進むのが当然なものでも、日本の場合は、大企業とベンチャーと官とオールドメディアがガッチリスクラムを組んで取り組む方がいいのではないか？　と私は考えています。

ウーバーなどのライドシェアを全面解禁するかどうか、みたいな話が現在日本では議論されていて、「世界では当たり前なライドシェアすら解禁しないような、変化を拒む日本なんか滅ぶしかないんだ！」という苛立ちを抱えている人が日本のベンチャービジネス界隈に沢山いるのは理解しています。

ただ、ライドシェア型の、「水の世界」が主導権を握ったシステムで大量にギグワーカーの労働問題みたいなものを撒き散らすと、余計に日本社会と「新技術」との間の感情的ギャップが大きくなって話が進まなくなる可能性もあります。

逆に、**「油の世界」でガッチリ固めた体制で新技術の実装をやる……という取り組みの方が、日本では抵抗感が少ない**かもしれません。

実際に「油の中に水」のバター型では、伝統的大企業が官と連携して用意したフォーマットに新技術ベンチャーが協業し、物流の２０２４年問題解決に向けて東名高速の自動運転レーンが粛々と準備されていますし、バスの運転手不足が深刻な地方などでは、自動運転バスなどの実証実験が多数行われている。

こういう分野では、とにかくさっさと大量に展開してデータを蓄積するのが国際競争上、ものすごく大事です。

テレビなどのオールドメディアが「バスの運転手不足が深刻で……そこでついに自動運転の時代が来ました！」などと雰囲気を盛り上げ、「油の中に水」を取り込む形でエマルションを作り、実績を積み上げデータを蓄積していくというのを一刻も早く徹底的に横展開していくことが必要な段階に来ていると思います。

特に地方部では自動運転などのニーズは明らかに大量にあります。当初はコスト的に厳しい例も多いでしょうから、できる限り官が大胆に予算をつけてサポートするような戦略的な取り組みも必要でしょう。

アメリカなどでは自動運転タクシーが群衆から襲撃を受け炎上するような事件も起きており、前述したように「水の世界」の巨大ベンチャーが「油の世界」を軽視しすぎたゆえの反発が社会を引き裂いてしまうというのは、日本だけに起きている問題ではありません。

無意味な対立を引き起こさず、「人手不足で困っている交通弱者のため」という大義名分を前面に押し出しながら、できるかぎり「油の中に水」を溶かす形での実現を目指せば、ある時期から急激に、よりはやく着実に普及させられる道が見えてくる可能性もある。

最近の事例だけに慣れていると、この「油の中に水」タイプでイノベーションが起こせるなんてありえない！　と思ってしまいがちになりますが、**世界で2007年にiPhoneが発売されるより8年も前の1999年から当たり前に携帯でインターネット接続ができた〝神秘の国〟が極東にあったことを思い出しましょう。**

NTTドコモという官業由来の大企業と広告会社、電機メーカーがガッチリとスクラムを組み、外資コンサル（今なら新規技術ベンチャーに相当する〝水〟担当）と議論しながら一気に技術の普及を実現したような進め方が、少なくとも日本の場合に限っていえば、自動運転技術の普及においても大事になってくるはずだと私は考えています。

また、第5章で詳しく述べますが、こういう形式を取ることで、巨大IT企業で働くソフトウェアエンジニアとMBA型人材しか活躍できないような経済ではない、**多様なタイプの働き手の価値を取り込める可能性が生まれる**というアドバンテージもあるのです。

「よおし、あと5分…13点差か　点を獲りにいってやる」

一方で、**日本社会の大問題は、「水の中に油」型の協業がおそろしく苦手なこと**です。過去20年で日本経済が凋落しまくった元凶もここの部分にありますし、なんとかうまく進める方法を考えねばなりません。

ちなみに小見出しにしたセリフは、漫画『SLAM DUNK』（井上雅彦／集英社）におけるセリフです。

このシーンでは、「うちには点をとれる奴がいる。オレが30点も40点も入れる必要はない。オレはチームの主役じゃなくていい」と覚悟した陵南高校バスケットボール部のキャプテンでセンターのビッグマン魚住選手が次々とブロックを成功させ、「こういう仕事はオレに任せろ」と発破をかけた直後、仙道選手がこのセリフを発します。

魚住選手の覚悟を意気に感じた仙道選手が、「お互いの役割分担」を受け入れてオフェンスに集中しはじめる。こういうシーンが沢山あるのが漫画『SLAM DUNK』の魅力の一つですよね。

日本経済において、特に難度の高い「水の中に油」が溶ける型のコンビネーションとして、まず最もイメージしやすいのはこういう形式だと思います。

第3章では、堀江貴文氏がテレビ局買収でやりたかったことと、昨今のアニメの世界展開は同じ発想なのだ、という話をしましたが、それも代表的な例だといえるでしょう。

2005年当時は、油側が自分たちのコアを保全しなくてはいけない事情からうまく連携ができなかったが、最近は「油側の価値」をそのまま保存できる形を実現した上で、うまく「グローバルなシステム」に最終製品を乗せられるようになってきた。

その苦闘の20年を、数々の誤解やエゴとエゴのぶつかり合いを乗り越えて「機能するチーム」が形成されていくスラムダンク的なストーリーだ、と見えようになってくると、こういう連携が「成功パターン」として人々の中で急激に共有されるようになり、再現性も高まるはずです。

例えば、日本の文房具は100円ショップで売っているものでも異様に書きやすいものが多いですが、これは「油側の価値」が保全されていないと消えてしまいがちな部分なんですよね。なぜなら、狭い意味での経済合理性だけを考えていると、そこでそれだけ細かいカイゼンをする必要も意義も見いだしづらいからです。

短期的な儲けを考えるなら、高級品のペンの書き味には投資する価値があるが、100円で売っているペンの書き味を延々とブラッシュアップし続けるような酔狂には合理性を見いだしづらい。

それは「油の世界」の組織の中で、延々とモクモクと「ボールペンの書き味」の研究をしているモノ好き人間の静謐な生活が保全されているからこそ生まれている価値なのです。

それを、「１００円のペンにそこまでやるとかどう考えてもコスパ合ってないですよね」と否定するのではなく、逆に「油の世界で培った価値を、水の世界の手法で売りまくる」連携が生まれれば、日本には普通にあった高性能なペン「ポスカ」などを適切なマーケティングのもと海外で売りまくり、このデジタル化とペーパーレス化の時代に過去最高益を叩き出している三菱鉛筆のような例が生まれる。

このような、「油の世界」の密度感で、経済合理性からすると非合理なレベルで突き詰められたものたちを、「水の世界」に渡してグローバルに売りまくる例としては、ラーメンなどの特色ある外食産業の世界展開、アメリカで最近ＵＦＯキャッチャーやダンスダンスレボリューションなどを置く日本式ゲームセンターが妙に人気になっていること、そもそも大きなところでは自動車産業もそうですし、またたくまに５兆円産業になりまだ伸び続けるインバウンド旅行人気もそれに当たるでしょう。

特に、日本において平成時代のオタクさんたちが青春を捧げることで培われた日本式ゲームセンター文化を、グローバル資本主義最前線で戦うバリバリの営業マンがアメリカで売りまくっている様子などには、なんだかスラムダンク的に熱いストーリーを私は感じてしまいます。

こういう連携が徐々にスムーズにいきはじめている背景としては、20年前なら単一の文化を相手に押しつけるモードが普通だったところに、違いを活かす「メタ正義」のカルチャーが生まれてきたことがあると私は感じています。

相手側の文化を否定することなく、象とチーターの生態は違って当然だと、むしろ「違いを活かし合う」ように連携できてきているのは明るい側面だといえるでしょう。

日本社会はまずこういうスラムダンク式に〝**意気に感じて違いを活かす**〟**連携を、定番の技術として共有していくことが大事**です。

なぜなら、このスラムダンク式がうまくいけばいくほど、より難しいタイプの「水と油の連携」をスムーズに行える下地ができてくるからです。

IT技術の社会実装は、さらに上級の課題

スラムダンク式連携だけでは実現できないさらに難度の高い「水と油の混ぜ方」が、IT系の技術の社会実装という課題です。

IT技術において日本が先進的な国だと思っている人は今やほとんどいなくなってしまい

ました。その一番の元凶は、「油側」の自律性が強すぎて、ロジカルに共有される制度を延々と拒否してしまうからです。

これは、日本の会社に何らかのＩＴを導入する仕事をしている人は、ほとんど全員が同じことを言っていますが、日本の働き手は末端まで〝自分の仕事〟に対する責任感が強すぎて、外部が介入するのをとにかく嫌がり、共通したシステムを入れて全体として合理性が生まれることに、強烈に必死に命がけで抵抗する傾向があるのです。

結果として、共通したシステムを使う意味がある分野でも果てしなくカスタマイズして例外処理を追加しまくり、後にシステムを更新する時に大問題になってしまう——最近では、主力製品であるプッチンプリンの出荷が４ヵ月も止まって巨額の損失を出した江崎グリコの例が記憶に新しいでしょう。

ただしこういう分野は、**「水側」の人が「油側」の事情をあと３歩ぐらい迎えに行く必要があると私は考えています。**

そもそも、江崎グリコで問題になったＳＡＰというドイツ製のシステムは、グローバルに展開する多国籍企業の「経営者」側から見て最適なシステムであり、「現場の働き手」側にフレンドリーなものではありません。もし読者のあなたの会社でＳＡＰが使われているなら、現場の人が「使いづらい」とブーブー文句を言っているのを見たことがあるでしょう。（あなた自身が文句を言いたいと思っているかも）

ＳＡＰのような統合ソフトウェアは、会社の中のさまざまな業務（経理、販売、在庫管理、人事など）を一つのシステムで管理し、情報を一元化することで、効率的な業務運営を可能にします。

ただしこれは、国際展開をしている大きな会社なら多少我慢してでも入れるべき合理性があるものですが（より理想を言えば、〝そういう事情〟があるから多少使いづらくても必要であるというアナウンスをきちんと行うべきだと思いますが）、規模がそこまで大きくない会社や国内だけでやっている会社が無理して入れる意味があるものかというと、そうでもないことは多い。（ただし、小さい会社でも、やると決めて事業全体をそのシステムに徹底的に合わせるぐらい本気でやれば意味があることもあります）

自社の存在のあり方、自分が象なのかチーターなのか、はたまた昆虫なのか微生物なのか……で多種多様な選択があるべきところ、ここ20年ぐらいの日本では、

「過剰にカスタマイズしたがるバカのせいで合理化が進まないのだ」

……というような一方的な意見ばかりが「水側＝改革派」から出され、その意見が現実に

合っていないため「油側」に全拒否されてしまうといったことが頻発していました。結果として社会全体で新しい時代の合理性を共有することがなかなかできなくなっていた。

一方で、今回のプッチンプリンの出荷停止事件があった後にＳＮＳを見ていると、**当のＳＡＰ導入技術者の人が、ＳＡＰはどういう企業に適していて、どういう企業にはフィットしないかを丁寧に言語化して説明していて、「こういう企業以外は合わないからやめておいた方がいい」と〝適切な場合分け〟を提案していた**のが印象的でした。

こういった部分からも、一方的に思考停止のカイカクを押しつけるだけの〝平成のバカ殿さま〟が跳梁跋扈《ちょうりょうばっこ》していた20年前とは違う「メタ正義的」配慮が社会に浸透してきているのを感じますよね。

実際、パナソニックのような、「いやいや俺たちも一応〝グローバル大企業〟なの忘れてなかった？　ＳＡＰぐらいちゃんと使いこなそうぜ」という方向で真剣に取り組み効果を上げつつある企業がある一方で、逆に「そんな巨大統合ソフトウェアとか一部の企業しかいらないじゃん」という方向で多様な取り組みが行われるようにもなってきています。

そしてその取り組みの中では、単機能のソフトウェア同士を連携させて必要なものだけ使えるようにする仕組みが現れ、スマホのアプリゲームを作るような発想で使える、経営者側でなく現場側が使いやすいソフトウェアが沢山出てきています。

プッチンプリンの事件があった頃、私はクライアントの経営者の一人と、

「今後はそういう単機能で使いやすいＳａａＳ（ソフトを買い切るのでなく提供会社側のサーバーで稼働しているものをサービスとして利用させてもらう形式のビジネス）が沢山出てきて適宜連携する流れになるのかもですね」

……という話をしていたら、ちょうどそのクライアントの中小企業の取引先の、さらにもっと小さい、新技術とは縁遠いまま「昭和の業務のやり方」を未来永劫続けるのではないかと思われた会社で、東京のベンチャー企業の提供するソフトウェアが導入されていてびっくりしたという話を聞きました。

また、単機能で現場のニーズに寄り添ったＳａａＳを買収してまとめ、連携しやすくして提供する会社が出てきているという話も聞いて、「みんな同じこと考えるんだなあ」と感慨深いものがありました。

ちょっと専門的な話になりすぎて興味がない方にはわかりづらかったかもしれませんが、日本社会に変化を迫る側が、「俺たち先進的なＩＴ企業の合理性を理解できない日本企業のヤツらは、新しい時代についてこられないバカばっかりで困るよね」と言っているだけだっ

た20年前とは全然違ってきているということですね。

日本企業側の事情に歩み寄り、丁寧に場合分けをし、現場のニーズに徹底して寄り添ったユーザーインターフェースを作り込むような会社が増えて、今までそういう〝文明の利器〟とは全然無縁だったような小さな会社でも、毎日何時間もかけていた事務作業が一瞬で終わるような例が出てくるようになった。

また逆に、競争力の中核なんだから人員を揃えて特別なシステムを自前で作るぞ、という決断をしたユニクロのファーストリテイリングやヨドバシカメラのような会社もあります。優秀な技術者を集めるため給与テーブルを別立てにするといった工夫もした上で、自社のビジネスにピッタリ合致して価値を出せるシステムを自前で作る取り組みは、今後それが必要な会社においては徐々に定番化してくると思われます。

さらに言えば、こういう「自前で作ってしまう」例は小さい企業でもありえます。神奈川県秦野市にある大正7年創業の老舗旅館「元湯陣屋」では、２００９年、当時32歳で女将に就任した宮崎知子氏が、御夫君がエンジニアだったこともあって自前で温泉旅館業に特化したシステムを作り、さらにそれを「陣屋コネクト」という名前で全国の数百以上の同じような旅館で使ってもらう形に展開しています。

これはもう本当に温泉旅館に徹底して特化したシステムで、顧客ごとの浴衣サイズを管理するとか、無料ドリンクのサーバーをカメラでＡＩが監視し、足りなくなれば補充のアラートが出るとかいった仕組みまで揃っているそうです。

ＩＴ技術というのは日進月歩で、昔は「機械がやりやすいように人が合わせる」ことが必要でしたが、それをゴリ押しすることで「油側」のコミュニティが破壊されてしまう例も多かった。

一方で、このように現場にかなり近いところで作られたシステムなら、「油側の組織力が着々と守ってきたもの」を丁寧にＩＴ化することができます。

また、この本を書いている２０２４年９月には、若いベンチャー経営者である山田真央氏が「日本のベンチャーは１塁打ばっかり狙ってないでちゃんとホームラン狙えよ！」という〝檄文〟のようなものを書き、それが大変広くシェアされていました。

山田氏が経営するダイニーは、飲食店でお客さんのスマホから注文を取るアプリ、お店が売上データを管理するアプリ、キャッシュレス決済のアプリ……と、飲食店に必要なＩＴ化をほぼ全てやってくれるソフトウェアを提供しています。飲食店の現場のニーズに徹底的に寄り添って作られているために、「一度使ったらやめられない」使いやすさで圧倒的に低い解約率を維持しており、最近グローバルで超有名なベンチャーキャピタルに見いだされ、巨額投資を受けることになりました。

山田氏は東大中退のインテリですが、ダイニーの社員が飲食店の現場に潜入し実際にどんどん働くことで、「現場の人目線」で使いやすいソフトウェアを一緒に作り上げ、それがグローバルなベンチャーキャピタルから注目される——これは大変新しい現象だといえます。

SAPのような欧米由来の、中央集権型でトップダウンのシステムは、現場レベルの「油の世界」の住人には使いづらい側面がありました。

トップダウン型のIT化を社会の末端までゴリゴリに行ってしまうことで、MBA的人材やテック技術者だけが神様のように奉られ活躍する一方、現場レベルの人々の自己効力感は破壊され、社会の不安定化の原因になっている面があったわけです。

逆に「飲食店の現場レベルにいる人が、スマホゲームを触るのと同じ感覚で使える」ボトムアップ型ソフトウェアの開発は、マリオやポケモンのような任天堂のゲームが世界中で愛されているように、日本以外でも必要とされているはずです。

ダイニーはその「現場に奉仕する」文化で作り込んだシステムの国際展開を狙っているらしく、私は大変期待しています。**「水の世界」のインテリが中央集権的に末端まで管理する**

過去20年のシステムとは逆に、「油の世界」で蓄積された価値をITが吸い上げるタイプの〝専用品〟は今後の日本で非常に重要な勝ち筋となっていくでしょう。

「メタ正義的解決の工夫の種」が百万個ぐらい必要

ここまでの話をまとめると、「それぞれの事情」をキチンと迎えに行き、場合分けするという対処法が定番化し文化として蓄積されてくると、「水と油」の対立が消えていくということなんですね。

今の日本には、こういう「メタ正義的な解決の工夫の種」がとにかくもっともっと必要なのです。つまり、**社会に山積みになっている問題が百万個あるとすれば、その一つひとつに対して、メタ正義的な解決の工夫の種が百万個必要だということ**です。

そして、今の日本社会では、空疎な罵りあいに疲れた人たちの中に、こういう「メタ正義的な解決の工夫」を積んでいく流れが徐々に定着しつつあります。

海外在住の日本人が、「アメリカはこうやってるのに日本は遅れてるよねえ」とか言う、いわゆる「出羽守《ではのかみ》(海外〝では〟こうなのに日本は遅れてるよね)発言」をしてSNSで炎上することが増えているのは、日本で着々と進んできた、両者のニーズを否定せずに解決する地道な取り組みの積み重ねを理解せず「20年前の議論」を延々と繰り返し全否定を続けているところに原因の一つがあると思います。

「お前さぁ、最近の日本のこと全然知らないで適当なこと言ってるだろ?」

……というギャップが増えているのですね。

日本企業が「水の世界」のロジックをはねつけていたのは、彼らなりの仕事への責任感ゆえだったとすれば、ある程度「水の世界」の側が歩み寄る方法論が成熟することで、一気にお互いの価値を理解できるようになっていく可能性はある。前述したように、水と油を混ぜるには乳化剤という物質が必要なのですが、この「水側からの歩み寄りの文化と技術の蓄積」は、まさにその乳化剤の役割を果たすといえるでしょう。

「スラムダンク式」の分離したままの役割分担からさらに踏み込むには、このような乳化剤＝「メタ正義的な解決の工夫の種」を用意して混ぜ合わせるチャレンジが必要になってくるのです。

「油の世界」の価値の保存とその先の「水との協業」関係

先ほども少し述べましたが、過去20年、ＩＴ化の波に抵抗し続け、「油の世界」の価値が崩壊していない日本だからこそ可能になるイノベーションというものがあるはずです。

私の近しい知り合いに元トヨタ社員がいて、普通に文系の事務職をやっていた人ですが、「トヨタ的カイゼン」に関するＤＮＡの刷り込まれ方はすごいな、と思うことが多々あります。

そういう人の目で見ると、日本の運転免許試験場など、他国（例えば公的機関の窓口対応が悪いことで有名なアメリカやフランスとか）と比べると相当にキチンと運営されているような場所でも、「人の流れの誘導の仕方や受付の順番を変えるだけで何倍もスムーズになるし誘導員の数ももっと減らせるのに」と残念に思うそうです。

これが生産技術に実際に関わる社員となるともっとすごいらしく、例えばコロナ禍で医療用ガウンの増産が必要となり、普段は雨ガッパを生産している小さな工場にトヨタの生産技術のプロが参加した事例が、トヨタの公式ウェブメディアに掲載されていました。「トヨタイムズ２０２０年5月27日」https://toyotatimes.jp/toyota_news/078.html#anchorTitles
一つひとつの作業工程の「やりづらさ」を分析し、「作業台の盤面の色を黒に変えて透明シートをどこまで引き出したか一目瞭然にする」「前工程から後工程へいちいち畳まずに移動させるための台車として市販のハンガーラックを買ってくる」みたいな小ネタのような工夫を大量に積み重ねることで、指導に入ってたった20日間弱で1日当たりの生産能力が500枚から4000枚まで〝8倍〟にも伸びたという信じられない例が紹介されています。

しかも、無理のない具体的なカイゼンを無数に無数に積んでいるので、「根性で頑張る」「叱咤してやらせる」みたいなものとは次元の違う世界になっている。

こういう事例は他にも無数にあるのですが、おそろしいのはこのトヨタから送り込まれた人は、医療用ガウンの製造現場に来たのはこの時が初めてだということで、もう一つ他国と比べてすごいことは、ピカピカの一流大のブランドネームを引っ提げた理系の大学院卒ではなく、場合によっては工業高校の卒業生である可能性もあるということです。

過去20年に「水の世界」の経済改革が社会を制覇し、こういう「異様な能力を持つ現場の人」を排除してしまった国にはできないような、「油の中に水」を溶かすイノベーションを、今後の日本は大事にしていかないといけません。

製造業というのは、狭い意味の「水の世界」側のインテリの発想だけではなかなか通用しない分野で、スティーブ・ジョブズも一時期自分のパソコンをアメリカで製造しようとしたものの大失敗して会社を潰しかけ、結局アップルの製品は主に中国などのアジアで製造されています。

アメリカの新興企業で「製造」に成功したのは電気自動車のテスラやロケットのスペースXぐらいですが、これらは超変人の経営者、イーロン・マスク氏が大富豪であるにもかかわらず、自ら立ち上げ期の工場に寝袋を持ち込んで寝泊まりし、工場従業員たちと真剣に先ほどのトヨタの例みたいなことを延々とやったから実現しています。（それでも何度も会社は破綻の危機に陥り、乗り越え続けてやっと成功した）

イーロン・マスク氏は本当に問題発言が多い人で、Twitter（現・X）を買収してからの改革などはお世辞にも成功しているとはいえませんし、よく「コイツの信者どもはなんで〝こんなヤツ〟を崇拝してるんだ」などと世界中で言われているのを見ます。しかし、電気自動車のテスラもそうですが、特にロケット技術のスペースXは、もう人類史上に残るというレベルで本当に本当にすごいイノベーションを連発している。

彼の政治姿勢に私は賛成しませんし、問題発言にもドン引きすることが多いです。（子どもがいない女性を揶揄する風潮に異議を唱えた人気歌手のテイラー・スウィフトさんに対して〝じゃあ俺が妊娠させてやるよ〟という意味にもとれる発言をポストしていたのは心底頭がおかしいと思いました）

しかし、なぜ彼に超大国アメリカの政治動向を左右するほどの存在感があるのかを考えると、今の人類社会の流行のモードが「水の世界」の論理だけを追い求め、**ある種の閉じたインテリサークルの論理以上の価値を社会がうまく取り込めなくなっている〝歪み〟を、彼が体現しているから**だといえるのではないでしょうか。

「メタ正義」的に考えるなら、彼の問題発言がもてはやされる現状を変えたいのであれば、今の人類社会の「閉じたインテリサークルのモード」が、彼が現場に乗り込んでまで追求する「油の世界」の価値をうまく扱えなくなっている現状、これを乗り越える方法を真剣に考える必要があるのです。

「水の世界」の価値観だけで社会を形成してしまうと、「言語能力が高くて人付き合いがうまく、名刺代わりになる学歴などがあり、自ら交渉して自分の居場所を作っていけるアクティブな個人にとっては理想郷になりますが、そういうタイプではない人が社会の末端でほったらかしにされがちになるんですよね。

一部のエリートにとっては「水の世界」の方がよほど快適です。一瞬でパッと話が通じる高度な知的能力がある、選ばれた人間同士だけと付き合えば良くなり、ちょっとでも面倒くさいと感じれば「人それぞれ、自分が輝ける道があるよね！」と建前だけ投げつけてあとは一切関心を向けずにほったらかしにできてしまうからです。

一方で第3章でも述べたように、「油の世界」の価値観が残っている日本社会には多少、個人の自由に対して抑圧的な風土があることは事実で、それは時代の変化とともに変わっていくべきなのは確かではありますが、そういう風土ゆえ、親心を持って個人を戦力化し、きちんと仕事を与えて一人前にする能力を社会が持っているといえます。

そういう「油側の価値」が保存されていれば、グローバル競争の最先端レベルでも圧倒的な違いを生み出せる優秀性を、高卒の生産技術者が持つことも可能になったりする。

日本社会に変化を求める側は、この「トヨタの工員の効力感」を支え成立させている「油側の価値」を破壊しようとせず、むしろwin-winの協力しあう形を目指す。それによってのみ、「水の世界」の価値観から見て変えてほしい部分を徐々に変えていってもらうことが可能になるでしょう。

それは、欧米社会においてイーロン・マスクという特異点が必要とされてしまう課題を、より無理のない形で社会全体で解決する道を開くことでもあります。

そして、今後、**AIが搭載されて急激に賢くなったロボットが生産や物流の現場に導入されていく時、社会にこの「油側の価値」が保存されているかどうかは重要な違いを生み出すはずです。**

20年前は使い道がなかったロボット技術の応用に再びチャレンジできるか

1990年代に開発が進められ、2000年の紅白歌合戦に出場したホンダのロボットASIMOを覚えている人も多いと思います。自由自在に2本足で歩いたり階段を昇り降りしたり踊ったりと、当時の技術としては世界最先端の存在でした。

ただそういう「油の世界」の内側のすり合わせだけですごいことができても限界があった……というのが当時の日本が持っていた先進技術の虚しいところで、その後何十年と世界中の頭の良い人が発明を積み重ね、最近形になってきたAI技術との組み合わせによって、やっと「無意味に踊らせてみる」以上の意味を人型ロボットが持ちうる時代が近づいています。

ある意味で、世界が追いつくのを待っていたような状況ではありますが、その間ホンダがASIMOに投資をし続けなかったことを「目先の利益だけを追う経営陣の愚かしさ」と考えるのは酷だと思います。

というのも、こういう汎用ロボットは、AIがよほど賢くなってこないとなかなか使い道が見つからないからです。

例えば同時期にロボットを開発していたアメリカのボストン・ダイナミクス（犬型ロボッ

トの動画を見たことがある人も多いはずです）も、結局は使い道がないままほとんど売上が立たず、その後 Google に買われ、ソフトバンクに買われ、そして今は韓国の現代自動車に買われ……と流浪の民状態になりながら毎年４桁億円ぐらいの赤字を出し続けていました。

一方でその間日本のロボット技術は、巨大工場の製造現場に特化した機械化技術に応用されてきちんと実用化する路線に進み、それで売上を立ててきたので、それはそれで当時としては必要な判断の方向性だったと思います。

ただそれはいいとしても、最近ＡＩ技術が追いついてきて新しい現場への応用が始まりつつある流れには少し乗り遅れ気味のようで、ここの分野において「水と油を混ぜ合わせる」イノベーションを起こしていけるか？　今後5～10年の勝負になるでしょう。

既に野心的なベンチャーと製造大企業の連携は少しずつ進んでいますが、本当に社会の隅々まで徹底していくには、「油の世界」と「水の世界」がお互いの違いを尊重する形で連携していく「メタ正義的」なカルチャーの形成が必須となるはずです。社会全体に「象は象らしく、チーターはチーターらしく」生きられるようにするべき、という当たり前の配慮が相互に行えるようになった先に、**「油側が保存してきた価値をＡＩが解き放つ」連携**を安定して作れるように動かしていきましょう。

「変化を恐れる日本」を変化させるために必要なこと

日本社会が変化に抵抗することに関して過去20年イライラしてきた「水の世界」の住人は、経済分野における「いわゆるネオリベ」の人の中にも、あるいは女性の社会進出とか性的少数者への差別問題など政治的課題を重視する「いわゆるポリコレ（political correctness＝政治的妥当性）」の人の中にも沢山いると思います。

繰り返すようですが、その変化を求める声をこれからの日本社会はどうしたら実現できるかを考えていくと、「油の世界」の住人が守ってきた価値をいかに win-win な形で解き放つか、にかかっているのです。

逆に、こういう経済分野のイノベーションでは、「油の世界」の価値がグローバル競争の最先端における優位性に転換されマネタイズ（換金）されるようになりさえすれば、**経済競争の中での技術導入という〝ネオリベ的側面〟だけでなく、女性の社会進出その他の〝政治的課題〟に対する日本社会の抵抗感も急激に和らいでくるはず**だと私は感じています。

実際、女性の社会進出とか性的あるいは人種的マイノリティの尊重など……ここではざっくりまとめて「いわゆるポリコレ的なもの」と呼ばせていただくとして、こういう志向がその社会の「油側の価値」を崩してしまうという懸念を表明する人は、欧米の左翼系論者にも結構います。

例えば昔のアメリカ政治は、「労働組合などに支えられた民主党vs.富裕層に支持される共和党」というイメージだったのが、今や「都会のインテリエリートの民主党vs.それに反発する大衆に支持される共和党」という構造になってしまっていますよね。

その変化のプロセスの中に、例えばビル・クリントン政権以後に進められたグローバル経済重視への転換があったわけですが、そこで当時の米国民主党がグローバル経済で稼ぐことにおいて短期的には邪魔になる「労働組合的な価値観」と距離を置くことを正当化するため、代わりの〝理想の旗〟として、「いわゆるポリコレ的なもの」を前面に押し出すようになったのだという批判は根強くある。

つまり「いわゆるポリコレ的なもの」は、アメリカのリベラル勢力が「労働組合的なもの」と手を切ってしまうための大義名分として利用されているのだ、という主旨で、こういう論調を「アイデンティティ・ポリティクス批判」と呼びます。

誤解してほしくないのは、「いわゆるポリコレ的なもの」自体は大変重要なもので、極論だろうと強引に主張して、一度は社会の中に定着させる意味はあったと私は考えています。

一方で、その「いわゆるポリコレ」論者の、「自分たちのニーズこそが社会で最も重要な価値であり、それ以外は全部どうでもいいことなのだ」というような論調（少なくともそう主張していると見られがちなこと）が、アメリカを強烈に分断し、選挙結果に納得しない群衆が議会に乱入するような事件にまで発展してしまっているのもまた事実でしょう。

ところでこの問題について深い示唆がある話なので聞いてほしいのですが、この本を書いている2024年9月に、日本のX上で「出産と肉体労働とどっちが大変か」という「それ比べる意味あんの？」というような大激論がかわされていました。

統計上100万人のうち何人死ぬから林業の方が過酷だとか、いや出産は医療がサポートしてるからあの程度の死者になっているんで本当はもっと死ぬぐらいの難行だから出産の方が過酷なのだ……などとデータを提示し合って議論しているのは大変バカバカしく見えます。それこそ「メタ正義的」に考えて「どっちも大変だし、お互い負担が減るように社会を変えていきましょう」となるべきなのはいうまでもありません。

しかしこの論争の中で、ある有名な「フェミニズム（あるいはあらゆる面での〝反差別〟）」的なビジョンを主張しているそこそこ有名な女性アカウントが、自分の何気ない発言がブルーカラーへの侮蔑心を持っていたと気づいて謝罪しているのを見かけました。

普段の応酬でこれ以上ないほど相互憎悪が募っているところでいきなり謝罪したので、結果として炎上してしまい最後にはアカウントを削除してしまったようですが、でもこれはその人だけの問題ではなく、もともと「いわゆるポリコレ」の世界観には根底部分にブルーカラー差別的な側面が〝無意識に含まれがち〟であり、本当に理想主義的な人はその欺瞞《ぎまん》にも気づいてしまう瞬間がくるという真実が露呈したのだと思います。

私はこういう、**ものすごく真面目に反差別運動を考えている人が、あまりに真面目すぎてどこかで旧来のドグマ的な反差別運動のその先に突き抜けた認識にたどり着いてしまう……**ような現象には大変頼もしいものを感じています。

そういう大真面目で真摯な理想主義が、旧来の「水の世界の論理の絶対化と油の世界の事情の完全否定」的なムーブメントが直面していた限界を乗り越え、メタ正義的な次元の新しいビジョンへと引き上げる流れに参加してくれることを願ってやみません。

ぜひ社長になってください！

新しいメタ正義的な流れが生まれてくれれば、日本における女性の社会進出も急激に違う次元の新しい局面に繋がってくるはずです。

文通の仕事で繋がっている、伝統的な日本の会社で働いていて〝キャリア〟的なものに前向きなタイプの女性には、私は常々「ぜひその会社で偉くなってください」と言うようにしています。

なかでもやる気と適性がありそうなある30代女性には、毎回、やりとりのメールの最後に「ぜひ社長になってください！」と、半分冗談ですが書くようにしているぐらいです。

伝統的な日本の大企業において「女性で出世したロールモデル」が現状、まだ少なすぎるせいで、30代ぐらいで「コンサルとかに転職した方がいいでしょうか？」とか悩み始めて相談してくる女性が多いんですが、みんながみんなそういう風に考えていたら、結局、キャリア志向の女性が日本の企業で出世する例は、いつまで経っても増えませんよね。

ここで問題になるのは、女性から見て「活躍しているビジネスパーソン」は1世代前まで外資系出身の人が大半であり、「自分も仕事のできる存在になりたい」と思うと、外資系カルチャーにある「油の世界」への隠された蔑視感情にも感染してしまい、日本企業とうまくいかなくなってしまいがち、ということです。

そういう特殊な方向性とは違う形で、**普通に大学を出た男性が普通に働いてるうちに出世するのと同じようなレベルで女性が出世できる環境**を作っていかないといけない。

「今の会社の居心地は最悪！　という感じではないならば、コンサルとかに転職しないでその会社で偉くなることを考えた方がきっといいですよ」と私が勧めるのもそこです。今の日本の大企業はそういう女性をあの手この手でサポートしたいとは思っているはずなので、うまく win-win な連携を作っていければ、お互いにとって幸福な関係性が生まれうるはず。

「役員の一定数を女性にする」というような施策は毎回激論になりますが、私はある程度そういう制度は良いとして、問題はそこで優遇される女性の振る舞い方にあると思っています。

性差別があるのは〝上の世代〟の問題ではあるので、同世代の男からすればアンフェアに感じたり面白くないと感じたりするのは仕方ない。当然嫉妬もあるでしょうから、「伏して感謝しろ」とは言いませんが、振る舞いに配慮があってしかるべき部分があるとは思います。

ただしそれは「理不尽を我慢しろ」ということではありません。

出産前後の色々な都合で不利な扱いを受けないようにする、といった点では断固戦うことも必要でしょう。その戦いの先で「会社に対して自分のできることは何か」をものすごく真剣に考えてほしいということです。

閉鎖的な縦社会の機能不全を変える存在に

本章の冒頭部分で、「ドラクエ型」で日本勢が独占していた半導体製造装置分野において、オランダのＡＳＭＬという会社が柔軟なオープンイノベーションで成果を上げ、高いシェアを勝ち取った話をしました。

当時のオランダは急激に女性の社会進出が進み、ワークシェアリングなどさまざまな新しい発想の労働改革が行われ、旧来の男性中心の社会が持つ閉鎖性を壊したことが、そのような転換に繋がった面があるんですね。

男社会というのはついつい自分の成果を狭い範囲で抱き込んで、いわゆる〝秘伝のタレ〟化してしまいがちですからね。

女性には生命的にそれを壊す能力がある……かはわかりませんが、少なくとも男社会の閉鎖性にはからめとられづらいですから、「オールド・ボーイズ・ネットワーク」の良くない部分を理解し、適切に外と混ぜる動きもしやすい。

結局、オランダで女性活躍が進んだのは、女性の進出による変化をグローバル経済における勝ち筋に繋げる戦略があったからですが、日本における女性進出は現状、「今の日本の会

社の強みを破壊するだけ」になる傾向がありその先のビジョンがない……だからただただ押しあいへしあいの相互憎悪が生じてしまうという問題はあります。

逆にいえば、一つの会社を選び、そこで出世することを目指す女性がいて、出産前後の不利な扱いなどとは戦いつつも、**そこで「自分だからこそ出せる」価値について真剣に模索する時、それは「油の世界と水の世界」を適切に混ぜあわせる大事な乳化剤としての作用を持つはずだということです。**

ぜひ「油」を拒否せず「水」と溶け合わせ、美味しいマヨネーズを作る仕事に人生をかけてみてください。そういう出世の仕方が見えてきて、日本の会社がグローバルで戦う上での揺るぎない優位性を安定して生み出す流れに繋がっていけば、日本における男女差別などは根底から吹き飛ぶほどの転換が生み出されるでしょう。

これは別にものすごく天才的なことをしないといけないわけではありません。

男性と比べて体力的にも出産前後の事情的にも長時間労働をしづらい環境の中で、自分ならもっと横断的なコミュニケーションをリードすることで価値を生み出すことができるはず……というように、日常働いている中で「自分の活かし方」を伸ばしていくだけでいいのです。

この本を読んでいる人の中にも、「日本の会社で働いていて30代でそろそろコンサルにでも転職しようかと思っている女性」ってまさに私のことじゃん？　と思った人もいるでしょう。もちろんキャリア選択は自由ですが、できればぜひ、今の会社で偉くなる道を模索していただければと思います。

時代の要請ゆえに優遇される部分があるかもしれません。感謝はしつつも卑屈にはならず、賢く利用しつつ、「自分ならではの価値の提供」にこだわり続けていけば、必ず道は開けますよ！

第5章　日本人の給料を上げるための一貫した戦略について

第4章では、私の経営コンサルタント的な経験から、いかに「グローバルで知的な世界（水の世界）」と「ローカルな現場の世界（油の世界）」を混ぜ合わせていけば良いか、という話をしました。

第5章では、経営レベルの話からさらに踏み込んで、経済レベルの大きな話としての「水と油の混ぜ合わせ方」を考察していきます。

テーマは「日本企業の給料をどうしたら上げられるのか？」です。

「オープン」が有利なのは当然として、それをどう維持するか

ヨハン・ノルベリというスウェーデンの歴史学者が書いた『OPEN「開く」ことがで

きる人・組織・国家だけが生き残る』（NewsPicks パブリッシング）という本があります。

これは歴史上、古代ローマ帝国から大唐帝国、モンゴル帝国から近代の大英帝国や現代のアメリカまで、繁栄する国家は多種多様な人を包摂し、そのアイデアを統合し、交易を盛んにしてきたことを論証した本で、要するに「クローズドな部族主義」になれば衰退し、「オープンに多様さを受け入れれば発展する」という主旨ですね。

第2章で、熊本県菊陽町や北海道ニセコが世界経済の普通である、という話をしたように、私も「オープンである方が経済に良い」というのはまあ否定しようがない事実だと思います。

ただし問題は、それがわかっていながら、歴史上いろいろな社会が「オープンさ」を常に選び続けるわけではなかったことにも「それぞれの理由」があるわけですよね。

つまり、この本がいうように、

〈オープンであるほうがいいに決まってるのにそれに抵抗する人たちはみんな愚かだねえ〉

……という考えでいいのか？　という疑問が出てきます。

古代ローマ帝国ならゲルマン民族の侵入、大唐帝国なら安史の乱、モンゴル帝国なら気候の寒冷化による食糧難や疫病の流行、そして色々な後継者争いによる分裂……と、オープンさが維持できなくなるにはそれだけの理由がありますよね。

世界的ベストセラーとなったハンス・ロスリングの『FACTFULNESS（ファクトフルネス）』（日経BP）を読んだ時も思いましたが、北欧の思想家というのはABBAのポップソングのようにものすごく楽観的な人類社会の「単線的で一方向的な発展ビジョン」を描くきらいがあり、そこから外れる要素に対してはかなり冷淡なところがあるなと感じます。

私は、たまに思い出して聞くとついつい涙腺が緩んでしまうほどABBAのポップソングが好きなのと同じく、北欧流の理想主義自体は好きですが、意地悪くいえば「人類の他地域に高圧的に〝自分たち流〟を押しつける汚れ仕事」は欧米の他の大国にまかせてしまい、「既に出来上がった欧米的秩序」が生み出した温室の中の特等席に座ってサロン内での理想論を述べている雰囲気があることは否めません。

確かに『ファクトフルネス』で論証されたように、グローバル経済の進展によって人類社会から急激に〝ガチの貧困〟は消えていっており、一昔前の、飢えた可哀相なアフリカの子どものような例はたった20年前に比べても圧倒的に少なくなっている。

先進国内の中間層みたいな立場の人にとっては色々と辛いこともあるが、明日の糧にも困るような人を急激に減らし、スマホを持てるぐらいには豊かになった〝グローバル中間層〟を世界中に何十億人と生み出したことが、グローバル経済のポジティブな側面であることは間違いないでしょう。

一方で、ではその「人々を豊かにするオープンさ」から背を向ける要素を、全て愚かなことと断罪するだけでいいのか？　というのは難しい問題ですよね。

幕末の英雄である高杉晋作は「人は艱難を共にすることはできるが富貴は共にできない」という名言を残しました。経済的に繁栄すればするほど今まではは我慢できていたほんの小さな食い違いだけでも人々はイライラするようになりますし、その結果として「同じ社会を共有している」という前提ごと吹き飛びはじめると、相互信頼が失われて疫病や外敵の侵入といった危機に脆弱になり、「オープンさ」どころではなくなってしまいます。

本書の言葉でいえば、「水の世界」の論理と「油の世界」の論理のバランスが崩れ、人々の毎日の生活の心理的安定をもたらすような〝絆〟の部分まで破壊してしまえば、急激にその「オープンさ」を維持することができなくなってしまうわけですね。

逆にいえば、**「オープンさ」を目指すからこそ、「油の世界」への配慮を徹底して行うことが必要なのであり、そこで「油の世界」と win-win の関係を成立させることができれば「オープンさ」は安定し、揺るぎない経済的繁栄を実現する道が見えてくる**可能性もあるのだと考えてみましょう。「オープンさ」を維持し続けるためにこそ、経済全体レベルで「水と油を混ぜ合わせるエマルション」を作っていく方法を考える必要があるのです。

日本の物理学者でありつつ在野の歴史・経済研究者である長沼伸一郎氏は、過剰な商業化が社会の紐帯を引き裂いて生態系を単純化させてしまう現象について「縮退」という物理用語を応用して考察しており、そのいわば「油側の紐帯」を過剰な商業化による崩壊から守る知恵としてイスラム教は発展したのではないか、という説を提唱しています。

確かに、歴史的にはイスラム教圏は西欧よりもむしろ圧倒的に先進的な地域であり、アジアと欧州を結ぶ商業路を支配して栄華を極め、古代ギリシャなどの知恵の蓄積研究も行い、後に欧州のルネサンスの源流にもなりました。

日本のように人類社会の東の端っこでマイペースに生きてきた文化圏と違って中東は常に東西から来る人の流れが激しく、征服・被征服を繰り返さざるをえなかった地域であり、そういう激しい変化の中でも一応の「民心の安定」を維持するために、キリスト教よりもさらに一歩進んで日常の細部まで「絶対的な神」への意識を共有しようとする文化的なしくみが成立したのかもしれません。

「1日5回のお祈り」「独特の食の制限」のような具体的な行為によって絶対的な神アッラーへの帰依を盤石とし、「油側の価値」を安定させることで、人類社会を東西に結ぶシルクロードでは、「水の世界（当時なりのグローバル経済の発展）」の価値が思う存分流れることを可能にしたのだ、という見方ですね。

グローバルに強烈に結びついた商業的繁栄が、社会の「油側の紐帯」を破壊してしまわないよう免疫力を発揮させていたのがイスラム教なのだ、という理解だといえます。

一方で逆に、あまりに日常的なレベルで「絶対的な神」を前提としすぎてしまったために、数学における「微分」のようにフレキシブルに人間の知的な視座を拡張する概念を受け入れづらかったことが、グローバルな知的競争からのイスラム世界の脱落を生んだのではないか、と長沼氏は述べています。

このあたり、「油の世界」を過剰に守りすぎてもいけないし、軽視しすぎても反撃を受けるし、という中で、「水の世界の自由さを妨げずに、油の世界の安定性を維持すること」「win-win で相乗効果的に水と油を混ぜ合わせるエマルションを作ること」をいかに実現するかが、歴史的に見ても繁栄の条件なのだ、と考えることができるでしょう。

日本経済の今後を考える時にも、このように世界史レベルで考えて、**単に「水の世界」のオープンさを称えてそれに反対する存在をバカにするのではなく、「水の世界」のオープンさを保護し、容認できるだけの揺るぎない「油の世界」の安定、その二つをどう両立させれ**

ばいいのか？　を考えていくことが、日本経済全体の再度の隆盛をもたらす上で避けて通れない課題となるのです。

２０２４年のノーベル経済学賞を受賞したダロン・アセモグル氏の研究も、この「オープンさ（包摂的な政治・経済システム）」を保った方があらゆる面で良いのはわかりきっているが、しかし「オープンさ」を保ち続けるのは難しいという側面についてさまざまな歴史分析をもとに研究したものであり、日本人が内輪で延々と悩んできた課題と、人類社会全体の問題意識とが急激にシンクロしてきているのを感じます。

封建化するグローバル経済に「ほんとうの多様性」を導入できるか？

この見方をより深めるものとして、最近増えている、欧米の思想家による「今のグローバル経済は封建制度化している」という批判を考えてみましょう。

グローバル経済の〝封建制度化〟とは、アメリカの数少ないＩＴ企業や金融エリートが莫大な力を持ち、富が偏在している現状だけでなく、そこで実質的に活躍している人も、人類社会のごく一部のタイプの層に限られてしまっている、という批判ですね。

「オープンさ」との対比でこの「封建的になりつつあるグローバル経済」を考えると、**今の**

グローバル経済は「オープン」なようで、実は特定のタイプの人のアイデアしかのせられなくなってきているのではないか？　という疑問が湧いてきます。

人種や性的志向で見れば〝多様〟かもしれないが、その実は「英語が話せる／先進国出身で／世界的な一流大学の学位を持つ／アカデミックな知性やMBA的人材やソフトウェアエンジニア」という、ものすごくほんの一部の、特定の均質なタイプの思考様式を持つ人間以外の価値を入れ込めなくなってしまってきている。

グローバル経済自体も、実は〝オープンさ〟に限界があり、ある種のアカデミックな知性やMBA的なビジネスパーソン、ソフトウェアエンジニア以外の〝多様性〟は全く排除し、むしろどんどんバカにする風潮が高まってしまっているということです。

逆に日本はそこに、「高卒でもものすごいイノベーションの源泉となりえるトヨタの工場従業員の知恵と最先端AIを組み合わせるイノベーション」「MBA的なエリートだけが使える中央集権的なシステムでなく、スマホゲームのように現場レベルの事務員さんが使いやすいように作られた企業ITシステム」「〝油の世界の価値〟にあくまでこだわったストーリーテリングによる漫画やアニメ」

……といった面からの「多様性」を追加していける道が今後開けることになります。

つまり日本では、盤石なメタ正義的配慮により「油の価値」を保存することでむしろ「水の自由」を完全に解放できるようになる道を見いだし、**「ほんとうのオープンさ」を実現していくことがこれからの勝ち筋となる**のです。

そうすれば、「油の世界の反撃」によって自由なネットワークが世界中でどんどん寸断され、第三次世界大戦の可能性も否定できなくなりつつある現代人類社会を、**再度シームレスに結びつけ、「縦横無尽に自由に水の価値が流れる」世界に転換する起点となる**ことができるようになる。

それは、13世紀にモンゴル民族の鉄の結束が、東洋と西洋を繋ぐ広域ネットワークを支える「油側」の盤石な安定を生み出し、その上を縦横無尽に流れる史上空前の地球規模の商業的繁栄を生み出したようなメカニズムとなるでしょう。

日本がそのような存在になりさえすれば、一国として経済的繁栄を生み出せるかどうか？などというのは当然乗り越えられる些末な課題となるはずです。

このように、封建化して「ほんとうのオープンさ」を失いつつあるグローバル経済に対して、過去20年引きこもり気味だった日本がどうやって次のビジョンを描いていくか、ここから考えていきましょう。

世界一外面がいいアメリカのエリートの〝闇〟

「グローバル経済の封建制度化」という話をするたびに、個人的に思い出すことがあります。

２０００年代初頭に外資系コンサルティング会社のマッキンゼーに在籍していた私は、そこで日本政府（正確にはその外郭団体）とアメリカの名門大学の協力による日本経済分析プロジェクトに参加していました。

当時の〝外資コンサル〟では、一定以上に出世するにはアメリカの名門大学のＭＢＡがほぼ必須というような文化が一部に残っており、オフィスを歩いているだけで、アメリカ名門大学エリートのカルチャーを全身から放射しているような人を多く見かけました。

彼らは常に大変自信があるように見せているし、他人への配慮が行き届いた爽やかな人格者であろうという気概に満ちていて、まず見た感じがものすごく魅力的です。

一方でその爽やかな笑顔の背後で、日本人的に見ると他人をサラッと見切ってしまう感じがあるのも共通していました。

上記の日本経済分析プロジェクトで、ときおりメディアにも出ていた当時の役員が、いつも以上の爽やかなニコニコ顔で、

「日本に溢れるあのしょうもない零細小売店とかがどんどん潰れたら良くなりますよアッハッハ」

……みたいなことを言っていて、私は本気で衝撃を受けたことを今でも覚えています。

何が恐ろしいって、彼のその発言は内容はともかく、笑顔と振る舞いは完璧に魅力的だった！　ところです。

その笑顔は本当に印象的で、後に20年近く経ってから、ハーバード大教授のマイケル・サンデルが『実力も運のうち　能力主義は正義か？』（ハヤカワ文庫NF）で問いかけたようなアメリカのエリートの〝闇〟を垣間見たような気がします。

今のアメリカ社会は強烈に分断されてしまい、

「絶対にあのエリートのヤツらの思いどおりの社会にさせてなるものか！」

……と全力で怒っている数千万〜ひょっとしたら1億人以上の人たちがいますよね。

ある種のインテリの人は、そういういわゆる「トランプ派」とか「オルタナ右翼」とか呼ばれる人たちのことを心底侮蔑していて、許されざる人間のクズの集まりみたいに思っていて実際にSNSで言葉にして罵倒していたりしますが、私はとてもそういう気持ちにはなれません。

もちろん、ここではアメリカのエリート大学イズムの中のいわゆる「ネオリベ」の側面を批判しているので、いわゆる「ポリコレ」側にシンパシーを持っている読者の方は、「私もそういうネオリベエリートを批判している側なのに、なぜ一緒くたに〝敵認定〟されてしまうのか」と不満に思うことでしょう。

その不満自体はよくわかる。

しかし、そこには二つの問題があって、まず、第４章で述べたように、眼の前に迫りくる血も涙もないネオリベエリート金融資本主義がローカル社会の絆をバラバラに引き裂いていこうとする時に、実際にその防衛戦の最前線で戦っているのは、ある意味で「油側」の人たちなのだ、という点が一つあります。

日本が昭和の経済大国の大企業の勝ちパターンを壊さないように壊さないように保存しながら世界中で外貨を稼ぎ、それをGDP比世界最大の政府債務の形で分配して必死に「絆が壊れないように」してきたような〝たたかい〟ですね。

それに対していわゆる「ポリコレ」の勢力は、結果として「水の側」勢力として「油の側」の防衛力を破壊することばかりやっている（少なくともそう見られている）わけです。

またもう一つの問題は、これも第４章で書いたように、「良心と高潔さを誇るポリコレ側」

の人間が、内面的には一種の「ブルーカラー差別」の心性を実際に隠し持ってしまっている点だと思います。

2023年にノーベル経済学賞を受賞した女性経済学者、クラウディア・ゴールディン氏の著作『なぜ男女の賃金に格差があるのか』（慶應義塾大学出版会）は、男女の賃金不均衡の原因を単に「差別意識のせいだ」と果てしなく抽象的に攻撃するのでなく、経済学的な制度分析から解決の方向性を導いているという点で大変フェアで深い示唆がある本でした。

ただそういう本ですら、読んでいるうちに「しょうもない小売店なんか潰れてしまえばいいんですよアッハッハ」みたいな目線がうっすら感じられる部分があるんですよ。「良い大学を出たエリートは、当然社会で〝良い仕事〟を得られるべきだ」という強烈な信念と、その「良い仕事」とされる職業ラインナップがものすごく特有のエリート臭がするものに限られていて、検事とか弁護士とか学者とか医師とか……。

なんというか久々に会ったママ友同士が最近お子さんどうしてるの？　という話になって、「へえ～そうなの～ご立派になられて～、羨ましいわぁ！」

……**〝と言ってもらえるような職業〟しか視野に入っていないのではないかという感じが**してくる。

アメリカのエリート大学の教員としてはものすごく「フェア」な目線を持っているゴールディン氏の視界にすら、

〈高卒で軍隊に行って帰ってきて、高校時代の彼女と結婚して夫婦で地元でフードトラックのハンバーガーショップを始めて、今は４店舗。最近子どもの送り迎えに使うのは信頼できる車じゃなきゃという気持ちになって奮発してレクサスを買ったんだ！〉

〈最近温暖化でスゲー暑いから、ボイラー修理だけじゃなくエアコン取り付け技術を学んで仕事してたら次々引き合いが来て年収９万ドルぐらいかな。頑張れば売上は伸ばせるだろうけど、奥さんは看護師でまあまあ給料いいし、これぐらいでいいかなってね。俺の仕事は予定を合わせられるから一緒に休みを取って、子どもとの時間もちゃんと過ごせてるよ〉

……こういう存在はほとんど〝無〟になっているような感じがする。（もちろん、アメリカのエリートの人当たりの良さは比類のないほど圧倒的に世界一なので、そういう人に実際会ったら「へえそうなの！　素晴らしいわねえ！」って満面のスマイルで雑談して完璧に良い印象をお互いに残しあって別れると思いますがね）

なぜ「ネオリベ」と「ポリコレ」が一緒くたに「油の世界＝ローカル社会の結束」から拒否されているのかというその理由が、体感として理解していただけたでしょうか？

目標が「ネオリベ的」な経済改革であろうと「ポリコレ的」な社会改革であろうと、**「油側」の社会がなぜ抵抗しているのかを深く理解する**ことによってのみ、アメリカにおいて深刻になっているような「反動的なバックラッシュ」に怯えることなく、日本社会を実際に変えていくことができるのです。

日米の経済学者が協力して行ったプロジェクトの成果

一方で、これだけ悪者扱いをされてる「ネオリベ」勢力も、ある種の合理性があるからこそ、ここまで世界中に広がっている面があることは確かです。

では、ネオリベが持つ正義とは何か？

それはやはり、大域的に見た経済合理性をある程度追求しないと末端の労働者の生活も良くならない、ということです。

先ほど述べた日本経済分析プロジェクトは、有名なアメリカの経済学者も監修した大掛かりなものの一部だったのですが、全体的なメッセージは、

〈日本は中小企業があまりに小さいサイズのまま放置されているので、それが生産性の効率化を妨げている〉

……という主張でした。

この「一行の結論」を検証するために、日米の経済統計をひっくり返し、サンプルとして選ばれた業種の会社へのインタビューを次々と行い……という研究だったのですが、当時の私にはあまりに「結論ありき」で行われている分析に思われ、「これって本当なのかな？」というテーマを持ってそれから20年以上過ごしてきたといっても過言ではありません。

しかしその後、ブラック営業会社で働いてみたり肉体労働をしてみたり、実際に中小企業相手のコンサルティングを長年やってみたりと「身をもって色々見てきた」結果……、

「まあ大枠正しいといっていいのではないか？」

……と今の私は考えています。

この方向性は、いわゆる「中小企業を潰せというのか！」みたいな単純な争点化がなされてなかなか冷静な議論が行われませんが、そうやって一緒くたに「敵」扱いして攻撃していても社会は前に進みません。

前著『日本人のための議論と対話の教科書』で書いたことと少し重複しますが、今あなたがどういう意見を持っている人でも、聞いてほしい話があります。

若い頃の私が参加した日米経済比較研究プロジェクトでやっていたような路線を、より推

し進めて日本で主張し、かなり広く読まれている人物に、デービッド・アトキンソン氏がいます。ゴールドマン・サックス出身のイギリス人で、今は日本の伝統建築の修繕と補修をする会社の社長業を引き継いでいる人物です。

ある種の「反グローバル」の意見を持つタイプの人からすればゴールドマン・サックスはマッキンゼー以上に「グローバル資本主義の悪の枢軸」のように見られがちな組織であり、またイギリス出身の白人が日本の伝統工芸分野の会社経営をしていることに反発を感じる右派的な反感もあって、彼のメッセージはあまり正しく理解されていないと感じています。

ざっくり言うと彼の主張は、

〈日本の1社当たりの平均従業員数（つまり平均的な〝会社の大きさ〟）は1964年を境に劇的に小さくなっている〉

〈その理由は、1964年にOECD（経済協力開発機構）に加盟するにあたってその前年に「中小企業基本法」が制定され、会社を大きくするよりも小さいままにしておいたほうがトクになる制度がいくつも導入されたからである〉

〈小さいまま成長を目指さず、労働者をコキ使い、利益をできるだけ出さずに赤字にして税金を払わない企業が放置され、逆にちゃんと経営されていて成長余地のある企業は人材など

のリソースを集めづらい状態が続いている〉

〈この制度を改め、「中堅企業」にある程度集約したほうがトクな制度に切り替えていくことが重要だ〉

……ということです。

このアトキンソン氏の主張に対する定番の批判は、「人口比で日本の中小企業の数がそれほど多いわけではない」という主張です。

しかしその主張は、「中堅企業」と「零細企業」を一緒くたにしているところに齟齬があるんですね。

例えば、従業員数が350人以下の会社の数で見た時に日本の中小企業はそれほど多いわけではありません。しかし、従業員数が5人の零細企業と、従業員350人の中堅企業というのは、もうメダカとクロマグロぐらい違いますよね。

そうではなくて、日本は本当に「従業員数10人とかの零細企業」が他国に比べてものすごく多くて、たいてい従業員は低賃金で長時間労働をさせられており、いわゆる「多重下請け問題」にも繋がる構造的課題になっているのです。

そのあたり、アトキンソン氏の著書『日本人の勝算　人口減少×高齢化×資本主義』（東洋経済新報社）で彼が分析していたOECDのデータを、この問題にフォーカスして私が再構成したものが図④です。

本の中では何気ない感じでサラリと触れられていたデータですが、彼の主張の骨子が詰まった有用な分析だと思います。

つまり、「20人未満の企業で働く人の割合」を見ると、国全体の生産性とかなりきれいな反比例関係になるんですね。それは当然、給料を上げられるかどうか、に濃密に関わってくる結果となります。

この主張に対して、それぞれの立場なりに「イデオロギー」だけで脊髄反射して、

〈中小企業を潰せというのか！〉

〈日本の貴重な技術が外資に買われるぞ！〉

〈ハゲタカ金融が日本の富を収奪するためのプロパガンダだ！〉

……というように感じる人もいるでしょう。

でもそういう人は、普通に大学を卒業して良い会社に就職したりして、そういう「ヤバい中小企業」で働いたことがない〝たいへん恵まれたお育ち〟をしていらっしゃるのではないか、という感じもします。

図④　各国の生産性と 20 人未満の企業で働く人の割合

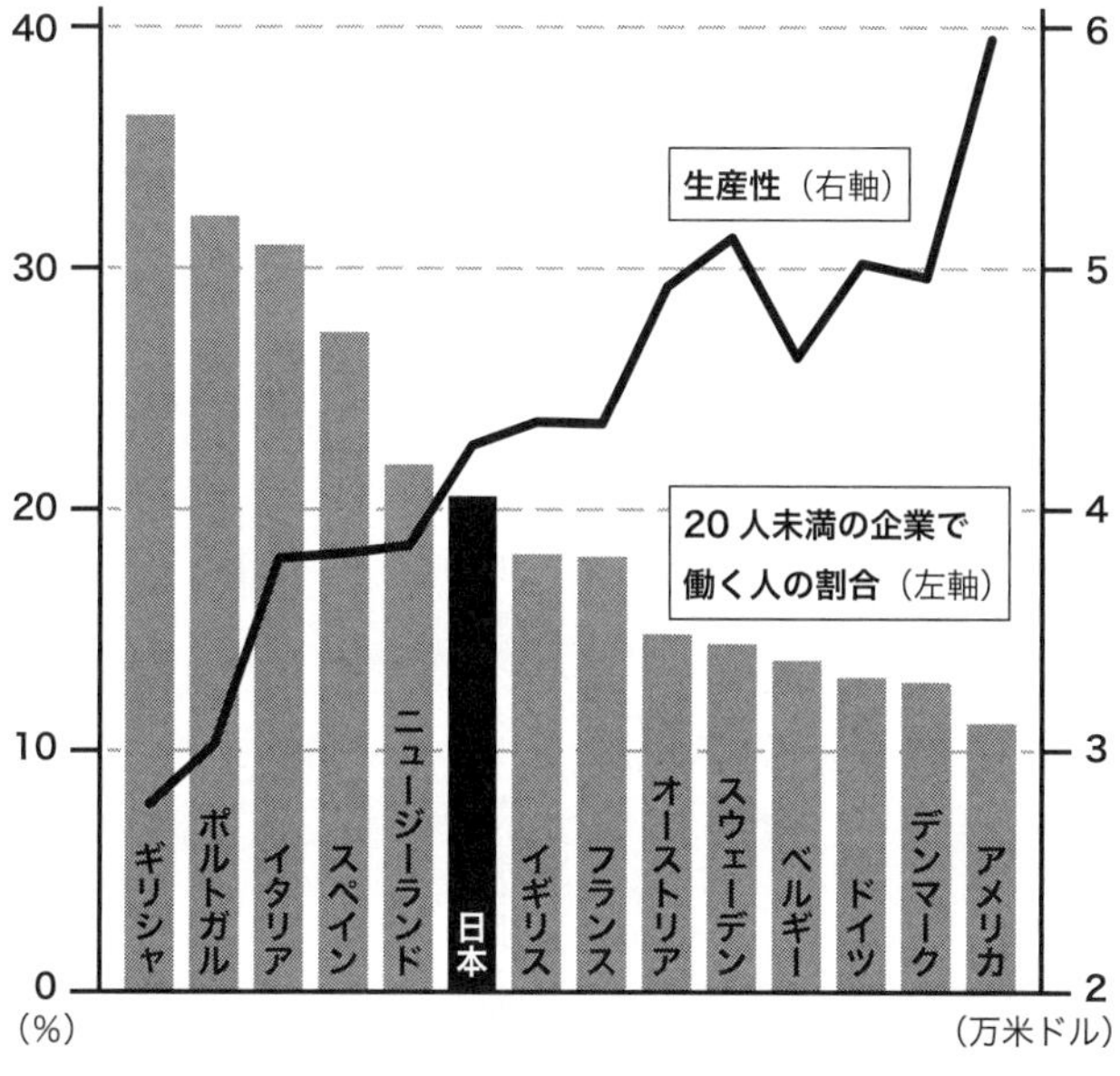

私もそういう育ちだったわけですが、実際にブラック営業会社に潜入して働いてみたり色々な中小企業相手のコンサルティングをやってきたりという経験をすると、全く違った景色が見えてきます。

〈その、ほとんど税金を払っていない無数の会社群には「超薄給で長時間働かされている社員たち」と「まあまあいい暮らしをしている社長（一族）」がいたりする。それらの会社が連なって多重下請け的な問題が発生している〉

……というのが現状だと捉えると、今度はとたんに**「この腐れ経営者どもめ、許さん！人民の怒りを思い知れ！」**という気持ちになるのではないでしょうか？

自民党と立憲民主党のアベノミクスの評価の違いと同様、この「同じ現象が全然違うストーリーに見える」現象について冷静に考えてみてほしいのです。

この二つのストーリーは、どちらか一方だけが正しいんでしょうか？　そうじゃないですよね。**現実にはこの相反するストーリーがどちらも同時に存在している**のです。

だからこそ、「ゾンビ企業を温存させないために市場原理で退出させせよ」というのも、「中小企業が不利な条件で搾取されないように適切な監視が必要だ」というのも、調味料の塩や砂糖みたいなもので、塩だけ効きすぎても、砂糖をかけすぎても、どちらもダメなのだ……

という当たり前の感覚を持つことが、メタ正義的解決には大事なのです。

日本が誇る多彩な外食産業などの分野で、新しく挑戦する零細企業が文化的に大事な意味を持つことは明らかなので、零細企業だと不利になる制度を導入して潰す、というような政策は私はあまり良いと思っていません。一方で、「小さいままにしておくとトク」という制度を撤廃し、「できるなら中堅企業サイズまで成長させよう」と思ってもらうことには意味があると考えています。

こういう部分でも、解像度が低い、一緒くたの議論をしていては問題の根本に迫れず、丁寧に場合分けをして一つひとつに適切な対策を打っていくことが必要なのです。

「静かに進む転換」を後押しできるか

結果として、アトキンソン氏のビジョンは徐々に日本経済で実現していっています。

人気はないが必要な仕事はバリバリやっていた岸田政権が、中小企業の区分とは別に「中堅企業」という法的区分を設けて、そこに集約が進むような丁寧な政策を打ち始めたのも大きい。

私のクライアント企業の中で、まあまあ優良な会社には、最近は次々とＭ＆Ａ（合併・買収）案件が持ち込まれるようになっています。

また、最近ＳＮＳでは、金融やコンサル出身の若い人が、「一人プライベート・エクイティ」みたいな感じで中小企業を自費で買い取り、再生して大きくしていったり、あるいは時代に合った儲かるビジネスを垂直に次々と立ち上げるような仕事の仕方をしているのもよく見ます。

前述したように私のクライアント企業には、ここ10年で１５０万円ほど年の平均給与を引き上げることができた例もあるのですが、実際に携わってみると、「ただただ一丸となって頑張る」という形では安定した昇給は不可能だと痛感します。

ビジネスモデルを知的に理解した上で、細かいコストダウンやアップセル、ついでに売れるサブスク型の収入などを積み上げていったり、ライバル社が片手間にやっているその業種で重要なコアの業務を専門部隊を育成して徹底的に掘り下げるなど、ある程度特有の能力を持った存在が差配する必要がある。

これは別にアメリカの巨大ＩＴ企業を作るような「天才性」が必要というわけではなく、逆にそういう天才が日本の中小企業の賃上げができる経営者になれるわけでもない。「普通に優秀な人」の力を社会が適材適所に配置し、適切に共有できるかどうか、という課題です。

「普通に優秀な経営者」が極小サイズのスモールビジネスを作って個人でちょっと贅沢をして終わるのではなく、せめて中堅企業サイズぐらいには会社を大きくして、多くの社員たちの生活に責任を持って差配してくれるように誘導することが大事なんですね。

スモールビジネスを成功させて個人としてはまあまあのお金を得て暇になった人が、「なんだか虚しい」と言って私の文通の仕事に申し込んでくるケースが結構あるのですが、彼らがもう少し〝公的〟な広がりに対して興味を持って「当たり前に高い給与を出せる仕事を沢山作っていく」ことに使命を感じてもらえるようにしていくことが必要だと思います。

フェミニズム的理想との関係性

また、こういう適切な市場主義を考えることは、フェミニズム的課題にとっても大変重要な意味を持っています。

先ほど紹介したノーベル経済学賞受賞者のゴールディン氏の研究では、ある程度規模が大きくなり、システム化・標準化が行われた業界ほど、男女の給与差は少なくなることがわかっています。

例えば、従業員数５人の会社では、おそらく経理の人は１人しかいませんから、繁忙期には死ぬ思いをしますし、産休など取られたら会社が止まってしまいます。

このような運営だと、「会社が呼んだらいつでもどこでも24時間駆けつけます」ができるタイプの人しか出世できなくなり、子どもができたカップルの場合、女性の方が仕事をセーブしがちになる。

男女の給与差は差別意識というような曖昧なものではなく、こういう構造的な課題があるので、そこを解決する方法を考えるべきだ、というのがノーベル経済学賞を受賞した研究の主旨でした。

一方で、300人の中堅企業なら経理担当が1人ということはないですし、また当たり前のIT投資も行えるので、同じ経理業務といっても全然違う負荷の仕事になります。フレキシブルに休みも取りやすいですし、お子さんが熱を出したらリモートワークでというようなことも可能になります。こうなると、女性も出産その他の負荷を超えて男性と対等に働きやすくなりますよね。

ゴールディン氏の本で成功例として挙げられているのはアメリカの薬剤師業界で、昔のようにいわゆる「街のパパママショップ」的な薬局だと常にフルタイムでそこに張りつき続けないといけなかったのが、今は急激にM&Aが進んで巨大組織になったので、ある意味で取り替え可能になり、かなり自由に働けるようになり、男女の給与差はほとんどなくなったそうです。

差別意識という藁人形にクギを打ち込み続けるのではなく、こういう具体的な転換の議論をもっと徹底してやれるようになっていくことが、今後の日本では必要となります。

そもそもこの変化は、あらゆる男が〝一国一城の主〟でなくてはならない……という価値観から、より知的に構成され現代化したシステムの中で皆が安寧に暮らせるようにしたいという価値観への転換を意味しており、本質的なレベルでも「女性の意思を反映させていく」意味がある課題なのだといえるでしょう。

ただし、日本特有の超えなくてはいけない課題もあります。

ゴールディン氏も「街のパパママショップ」的な薬局がなくなってしまうことに対してほのかに懸念を持つような書きぶりだったのですが、全てがこのように取り替え可能にシステム化されていったとして、じゃあ日本はどこで「アメリカに（あるいは国際競争に）勝つ優位性」を打ち出せばいいのか？　という大問題はある。

全てが取り替え可能にシステム化された世界というのは、覇権国家で英語圏のアメリカが一番強い世界……になってしまうわけです。

それに、ゴールディン氏の本では、研究の結果として、
薬剤師業界 ＜ 医師業界 ＜ ＭＢＡや法律職
……という順番で、同じ学位を得た男女の給与差は開いていくという分析結果が示されていて、これはかなり不安になるというか、「薬剤師でできたんだから他の全部の職業もそのうちそうなるでしょ！」というわけにもいかない感じがしてきますよね。

確かに〝制度が全部決めてくれるような世界〟になるほど取り替え可能になっていくものの、労働者としてそれでいいのか？　そうやって全部取り替え可能になっていったら、将来ある時点で全てＡＩに置き換えられたりしてしまうのでは？　という懸念が当然生まれます。

このあたりの「油の世界」の事情も汲み取りながら、日本ならではの女性の働き方を作っていけるか？　が、第４章の最後でも述べたように「これからの日本女性のチャレンジのしどころ」だといえるでしょう。

日本におけるフェミニズム（に限らずあらゆる〝ポリコレ〟的要求）が、アメリカ社会はもう捨ててかかっているような社会の大事な連携の基礎を掘り崩す形になっている限り、永久に今のような押しあいへしあいは続きます。

一方で次の図⑤のように、「ゴミの山の中にあるダイヤをより分ける作業」を丁寧に行い、

図⑤　なぜ今の日本には「閉塞感」があるのか？
どうすればいいのか？

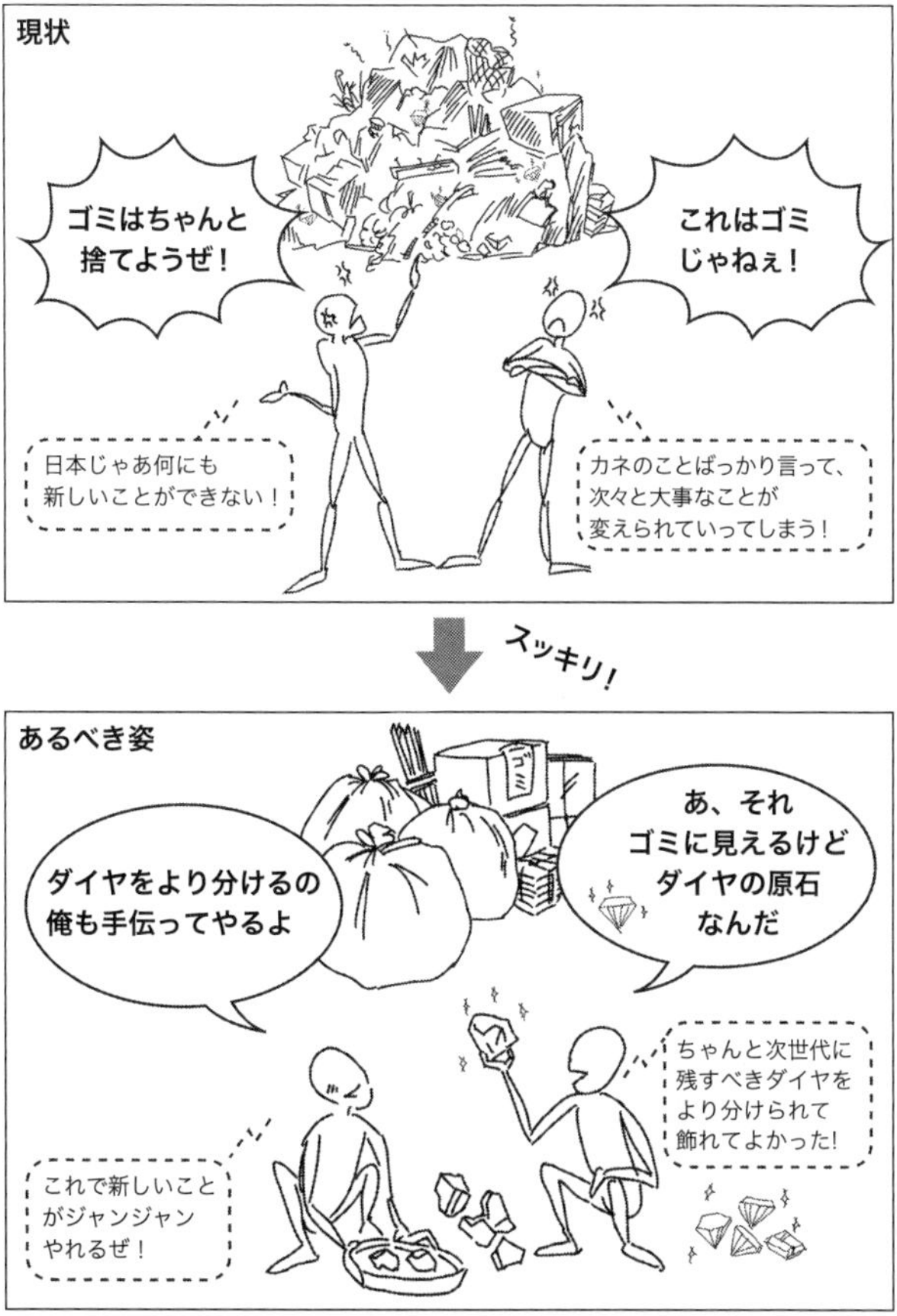

日本ならではの価値の出し方を新しい発想の中で定義しようとする動きと合致させれば、**わざわざ女性を差別して排除する必要性ごと根底から消滅**し、あとはただお互いの具体的な事情を丁寧に配慮し合って経済を回していくだけで良くなります。

そもそも、日本の「〝油の世界〟の連帯が……」といっても、その強みをちゃんと保存できている例は前出のトヨタの工員のような特殊な部分だけであり、あとは建築業の職人さんのように継承が途切れかけて青息吐息な世界も多いです。

そこにマトモな経営の配慮を行い、「ちゃんと休める／ちゃんと正規の職で雇ってマトモな給料を払う／過重労働をさせない」という転換をそろそろやらないと、もう誤魔化し誤魔化しやるのも限界が来ています。

そういう分野は、女性が進出するとなったら急激に労働環境を良くしなきゃ、みたいになるのが日本の会社というところ、という側面もあるので、そこもうまく一緒に変化していけるといいですね。いったいどうすれば、女性の働きやすさと日本企業の強みとを両立させられるのか？　について真剣に知恵を持ち寄る動きが必要になってくるわけです。

「四六時中SNSでしょうもない男女論に熱中して憎悪を投げ合うタイプ」でない普通の男女は既にそういう問題意識を徐々に共有できてきているように思います。「論破という病」

に負けずにメタ正義的な解決を目指しましょう。

「ほんとうのオープンさ」を維持しながら経済転換できるか？

この章で述べてきたことを、私が若い頃にマッキンゼーで経験した経済学研究プロジェクトの話に引きつけて再度考察すると、以下の２点にまとめられます。

Ａ　中小企業のある程度の統合を妨げないことが経済合理性的に重要であり、働き手の給料を上げるためにはどうしても必要だという経済学的ビジョン自体は正しい

Ｂ　一方で「あの零細小売店がバタバタ潰れたら一気に日本は良くなりますよワッハッハ」みたいな風潮が社会に蔓延することは絶対に防がなくてはいけない

本書のここまでの言葉で言えば「Ａ」が「水の世界」から見た合理性であり、「Ｂ」が水の世界の自由を妨げずに済むような「油の価値」を保存するための知恵だといえるでしょう。

今、徐々に進みつつあるこの流れを、いかに社会感情的な納得感を持って、隅々まで破綻なく波及させていけるか、がこれからの日本の大事なチャレンジとなります。

そのためには、冒頭で述べた「グローバル経済の封建化」に対していかに抵抗する余地を残せるか、が重要な配慮となるでしょう。

アカデミックに認証された知性とMBA的ビジネスパーソン、そしてソフトウェアエンジニアという「現代の封建領主たち」以外のタイプの人間を徹底的に排除してしまう「実はクローズド」な経済ではない「ほんとうのオープンさ」を維持できるかどうかが鍵です。「新しい経済」に俺も私もちゃんと有力なプレイヤーとして認識されている、と思い続けてもらえるかどうか。**性別や民族や性的志向という〝アメリカ人が考える多様性〟だけでなく、多種多様な人間のタイプに対する「オープンさ」を維持し続けられる**かどうか。

多種多様な現場レベルの工場従業員や働き手の自己効力感を破壊せず、むしろ彼らが提供する価値をグローバルに有効な勝ち筋に昇華させ、徹底的にマネタイズできるような戦略と噛み合った上でならば、中小企業の統合プロセスは今後、自然と進んでいくように思います。

なぜなら先ほども述べたように、私のクライアント企業でちゃんと経営できているところには次々とM&Aの話が持ちかけられていますし、**潰れる会社の方も、無理に無理を重ねて何とか存続させるより、人手不足の時代にはリセットしてやりなおした方がいいよね、という納得ずくのケースも多くあるから**です。

実際、先に書いたように「社長（経営者一族）はまあまあいい暮らしをしてる」ならマシな方で、ギリギリの経営状態で３期前の消費税も納めておらず（そんなことが可能なのか？と驚愕しました）、義務づけられている従業員の健康保険料も出していないのにキャッシュフローがカツカツで、社長の奥さんが別の仕事で得た収入から補塡してなんとか回している……みたいな例を目撃すると、「いやいや社長、この会社、はよ畳みなはれ。無理して続けるのは社長さんの立場からしても不幸ですがな。人手不足の時代なんやから社員さんも次が絶対見つかりますって！」という気持ちになります。

もちろん、ちょっとした不運ゆえにもっと可能性があるはずだった会社が潰れてしまう例もあるでしょう。しかし、先ほどの「ほんとうのオープンさ」が実現しつつあるという納得感さえ維持できれば、例えば統計上中小企業の倒産件数が多少増えても、共有意思を明確に持って、必要な転換を進めていくことが可能になると思います。

欧米の事例を見ていると、**経済格差が広がることそのものよりも、活躍できる人間のタイプが強烈に一部の人間に限られるようになってしまっていることが、社会を病ませる原因になっている**ように私は感じています。

最近、Google を退社したトップ級のＡＩ技術者（日本人ではないです）がなぜか東京で起業したり、中国の政治的混乱を嫌った中国の金持ちが集団で東京に移住してきて子育てをしていたりする例がチラホラ出てきていますよね。「水の世界」の論理だけを追い求めて数字上の経済発展を実現しても、それによって社会が病んでしまい、都市の治安が悪化して社会が殺伐となる。そういう社会で生きたい人ばかりではないということなのだと思います。「油の世界」の価値が決して壊れないように配慮しながら、「水の価値」が縦横無尽に流れる風通しのよい経済を作っていきましょう。20年間引きこもり気味だった日本だからこそ実現できる「ほんとうのオープンさ」を実現し、縦横無尽におカネが駆け巡るような経済への転換を実現するのです。

リベラル側の良識と現実主義を合体させることができるか？

また、この「静かに進む転換」を、さらに大きく押し広げて、本当に社会全体で雇用の質を改善していくには、最終的には日本におけるリベラル寄りの政治勢力とも議論の上で連携できるようにしていくことが必須になるだろうと私は考えています。

アトキンソン氏は、そもそもゴールドマン・サックス出身の白人が日本の伝統工芸の会社を経営しているという点で誤解を生みやすいだけでなく、その意見に対する無理解ゆえの暴言を長年浴び続けた結果、彼自身も態度を妙に硬化させてしまい、余計にSNSでの「アトキンソン的ビジョン」に対する風当たりが強い状況を招いてしまっています。

しかし彼は、

〈派遣社員をいつでも安い値段で使い捨てられる環境は経営者を甘やかしすぎている。正社員で雇えるようにするか、派遣を使うなら正社員以上の高給が保障されるようにするべき〉

〈最低賃金を徐々に引き上げていって、真面目に働く人が普通に暮らせる環境を保障するべき〉

……というようなことも言っていて、今の日本社会の労働環境に心を痛めているタイプの人こそ、積極的に共闘を模索するべき存在だといえます。

特に、彼の意見を「非効率な中小企業を潰せと言っている血も涙もないネオリベ・プラン」だと思っている人は意外だと感じると思いますが、アトキンソン氏は「労働市場で経営者よりも労働者の方が立場が弱くなるような規制緩和は良くない」ということをかなり強調して何度も言っています。例えば具体的には、運輸業界の規制緩和が運賃の低下を招き、今のトラック業界の運転手不足に繋がってしまった現状を強く批判している。

むしろ**「経営者vs.労働者」の綱引きにおいて「労働者側が強くなる」ような誘導を丁寧に**

行っていくことで、「労働者を安く使い潰してしまうような経営者に退出を迫ることが重要だ」という点が彼のビジョンの根本だといってもいいぐらいで、それだけを聞くと左派寄りの読者の人は「なんでこの人を敵だと思っていたのだろう?」と首を傾げてしまうのではないでしょうか。

「狭い狭い左翼業界のいつものメンツでいつもの話」をして慰めあっているのではなく、市場寄り・現場寄りで同じような良心を持って試行錯誤を行っている存在といかに協業できるかを模索していくことこそが、これからのリベラルの本当に大事な使命なのです。

「左翼の内輪トーク」を続けることが本当に真摯な姿勢なのかを問い直すべき

文通の仕事で繋がっている人で、日本の大企業の労働組合の「中の人」がいるのですが、デフレからインフレへと転換しつつある今ほど労働組合の役割が超重要なタイミングはないというのに、上層部にいる老人たちが全くその役割を果たそうとしていないことに呆れていました。

「賃金アップや労働環境の改善を経営側と真剣に交渉する」よりも、年1回の「原発・米軍基地問題・その他左翼メッセージ全部のせイベント」を開催することにしか関心がなく、そういう自己満足イベントに若い世代が非協力的だと激怒するという話で……。

いやいや、原発問題も米軍基地問題も、問題意識を持つことは大事でしょう。しかし、それを一つずつ真剣に解決したいなら、その問題の専門家と具体的な交渉をしていくことが必要ですよね。

自分たちのお仲間しかいないイベントで、何十年と同じトーンと同じ横断幕で大騒ぎして、自分たちの青春時代の懐メロを歌って、下働きは低賃金と長時間労働に苦しむ若い世代に全部やらせて、文句を言われると激怒する……というのは、実に実に**たいへん美しい左翼闘士の姿**という感じではないでしょうか。

本当に日本の労働問題に心を痛めているのなら、今やるべきはそういう「内輪トーク」的なイベントなのか、真剣に考えるべきです。

例えば、日本の左派の人が望むような、「消費税率下げ・法人税率上げ」という「庶民でなく儲かってる企業から取れよ」という方向性の税制改革も、適切な配慮のもとで主張するなら納得する人は左派以外にも多く、実際そういう分析を行っている経済学者の人などもいます。国際的にも「各国が企業誘致のために必死に法人税率を下げる〝底辺への競争〟をやめよう」という機運が高まってきており、そこと適切に連携すれば実現する可能性がゼロではない。

しかし、税率の低いシンガポールのような国との国際競争上の理由から徐々に下げられてきた日本の法人税率について、「経団連と自民党が自分たちの利益しか考えていないからだろう」「その分を私たちは消費税として払わされているのです！」というような歪んだ見方に凝り固まっていたら、現実的な調整など不可能になってしまいますよね。

結果として、「日本の経済が成り立たなくなるような無理筋の案を出されるのではないか？」という危機感が本能的に醸成されて、本来丁寧な議論をすれば実現するかもしれないゾーンよりもはるか手前のところで我慢するしかなくなってしまう。

また、少しでも企業会計がわかっていればいかに無理筋かわかる「大企業の内部留保に課税すればいくらでもカネはある」みたいな話を延々と公約に掲げ、内輪だけで褒め合っているような態度が、本当に「左翼的な良心」にかなう行為でしょうか？

現実の細部を無視した暴論に耽溺することで現実の運営権からリベラルが排除される、という〝あるある〟的構造を超えていく必要があるのです。

そのためには「いつものメンツの内側だけでお互いを褒めあっていつもの話をしている」自己満足を超える姿勢が必要で、例えば先ほど挙げたアトキンソン氏や、同じような方向性で研究を重ねている良識派の経済学者や官僚の人たちといかに共闘できるかが重要になってくる。

他にも例えば、よく指摘される「多重下請け構造」の問題に心を痛めるのはいい。しかし「なぜそういう構造になっているのか」を考えると、別に「自民党のお友達会社が自分たちの利益のために暴利を貪り庶民を虐げている」という話ではなく、あまりに小規模に放置された会社がバラバラに存在している問題や、日本社会全体の事務作業におけるＩＴ化の遅れといった「本当の原因」が見えてきます。

そしてその「本当の問題」に対して真摯に考えて、解決策を模索している存在は、「いつものメンツのいつもの話」とは違う場所でモクモクと孤軍奮闘しているわけです。

「絶対悪と戦う正義の我々」のセルフイメージをなぞって満足して終わりにするのではなく、「同じ志を持ち、自分たちよりも具体的な解決策を持っている存在」をいかに抱き込み、解決に向かえるか、真剣に考えるべき時代になっているのです。

「熱い気持ち」と「冷静な視野」を同時に持たないと！

私たちが目指したいのは、

〈普通にスマホからフラッと求職ウェブサイトに登録して適当に見つけた職場で頑張っていれば、夫婦二人でまあ普通に子どもも育てられるというような環境〉をいかに作り出すか？　ですよね。

そのためには、「正義の自分たちが悪のあいつらを倒しさえすれば全てが解決する」というファンタジーではなく、**「自分自身もその連環の内側にいる」ことを理解した上で、それでも明確に最低賃金を引き上げていくのだ、という意志が必要**なのです。

2024年10月の衆議院議員総選挙で、ある左派系の立候補者が「最低賃金を一気に全国で1500円に引き上げる」ことを公約としていたのに、「じゃあなぜあなたの選挙事務所は時給1050円で募集してるんですか？」とSNSで突っ込まれていて笑ってしまいましたが、これは揚げ足取りのようでいて、本質的な問題を含んでいるんですね。

最低賃金を一気に引き上げるということは、「正義の自分たちが悪の経営者をこらしめてやるのだ」というような〝牧歌的なおとぎ話〟ではありえず、「上げた分だけ中小企業の倒産は当然増えるが、しかしあえてそれをやることでマトモな給料が出る職場を増やしていく案なのだ」という因果関係を、きちんと理解した上で主張していくことが大事です。

今の日本で色々と苦労する立場におかれている人たちへのシンパシーは大事で、なんとか変えていかなくてはいけない。とはいえ、全てにわかりやすい敵を設定し、そいつらを打倒しさえすればいいのだ！　というような20世紀的な狂気＝「論破という病」で盛り上がっていても決して解決できません。

困っている人たちのために本当に尽くしたいのなら、「熱い気持ち」と「冷静な視野」で、専門家との連携を丁寧に行い、一歩ずつ考え尽くした手を打っていく必要がある。

先日、あまりに暑い日に人と待ち合わせをしていて、涼むために10分ほどコンビニで時間をつぶしている時、棚にあった「お金持ちは知っている 大事なマネーのルール」みたいな粗製乱造本を立ち読みしたのですが、「節約して副業して得た資金で投資をやりましょう！今は自分の力で何でもできる時代です！」というような話だけが延々と書かれていて、あまりの自己責任型世界観でクラクラしました。

もし自分がブラック営業会社で働いていて今まで主食だったコンビニのご飯の量が円安で減って不満に思っている人だとして、コンビニで見かけた本にそういうことしか書かれていなかったら暴動を起こすと思います。

そういう何の希望もない自己責任論と、「全ては自民党と経団連が悪いのだ！」という暴論の〝間〟に、メタ正義的に具体的な工夫を地道に重ねていくべき領域がほんとうに沢山眠っているのだ、とぜひ一緒に考えていければと思います。

そのためには、ここまで実地の話と理論的な知見を織り交ぜて考察してきた「マトモな市場経済をやる」プロセスを、丁寧に後押ししていくことが大事です。

いまや人口減少時代に入り、アベノミクス期のように「皆に仕事を配るために必死に無理をする」必要がなくなるという外部環境の大きな変化が既に起きています。その変化をしっかり分析し、素直かつ合目的に多方面の専門家との連携を組み立てれば、全く違った労働環境への転換を実現できる情勢にあるのは間違いない。

「熱い気持ち」を失わず、しかし20世紀的な狂気＝「論破という病」からも慎重に距離をおき、丁寧な「メタ正義的転換」を真剣に行っていきましょう。

「普通に働いていれば家族を養える世界」はその先にこそ見えてくるのです。

第6章　ケーススタディズ

ここまで、世界を敵と味方に分ける20世紀型の「論破という病」を超えて、どうすれば「メタ正義的」な解決に向かうことができるのか？　を考え、その実例をいくつか見てきました。

本書もそろそろ終盤ですが、さらにSNSでよく話題になっている課題について、「メタ正義」的に考えていく事例を紹介していきます。「メタ正義的」な解決を目指す時、どう具体的に考えていけば良いのか？　を掘り下げていってみましょう。

このような取り組みは散発的に私の note や YouTube やXなどで発信しているので、ここに簡単に取り上げた事例のより詳細な記事は、ぜひそちらをご参照ください。

■ケーススタディ1　「再開発」問題について

明治神宮外苑エリアの再開発問題についてざっくりまとめた記事が大変多くの人に読まれたために、ＴＢＳの討論番組に呼ばれて話したことがあります。私をその件で知った、という人も結構いるかもしれません。

ＪＲ山手線の原宿駅（東京メトロの明治神宮前駅）から西側に見えている鬱蒼とした神秘の森がありますよね。あそこが内苑の森です。

この地域の再開発と聞いて、私も最初は、あの神秘の内苑の森を切り開いてしょうもないショッピングモールみたいなものを作るのかと思って「愚劣さ極まりないな」と思っていたんですが、そうではないんですね。再開発されるのは、そこから結構離れた東京メトロの外苑前駅や青山一丁目駅からアクセスできる「神宮外苑エリア」なのです。

「そんな誤解してるヤツおらんやろ！」っていつも言われるんですが、そもそも私自身最初は誤解していましたし、この話題がＳＮＳで持ち上がるたびに私の記事が発掘されますが、「私も内苑の森を潰すんだと思ってました！」という人は次から次へと現れます。

「再開発反対派」の人も、記事などに引用する空中写真などで、積極的に内苑の森と誤解させるような表現をしているのではないかと私は疑っています。

どちらにしろこのプランは、むしろあの神秘の内苑の森の維持費を安定的に捻出するために明治神宮が考案した「よく練られた案」だという側面があるんですね。

毎年10億円の維持費をどう賄うか

まず、明治神宮内苑と、外苑の敷地の大部分は宗教団体としての明治神宮の私有地で、宗教団体なので公金を入れづらい事情がある中で、毎年10億円程度といわれる内苑の森の維持費を今後も安定的に出し続けられるかという問題が懸念されていた。

明治神宮の事業者としての売上のメインは、外苑にある神宮球場などの収益が多くあてられていて、ヤクルトスワローズがこれからもずっとそこを使ってくれるかとか、持続的に改修費用を捻出し続けられるか、とかいった色々な懸念点があった。今回の再開発によってある程度安定した収益を得られるようになり、将来にわたって内苑の森の維持費用が出せるようになる見込みなのです。

そしてこの外苑再開発プラン、別にあのアイコニックなイチョウ並木がなくなるわけではないし、木の本数も全体として見れば増える程度の良識的な案ではあります。また、新しい神宮球場はメジャーリーグで大変好評な米サンディエゴのペトコ・パークを参考にして、広く取られた外部の芝生スペースからも野球が観戦できるような先進的デザインになっています。

ここまで読むと、「資本家どもが公的資産を売り払って金儲けに使うのを許すな！」と思っていた人も「あれ？　なんか印象と違うな……」となってきたのではないでしょうか。

ただ一方で、開発賛成派の人がＳＮＳで「明治神宮の私有地なんだから外野は黙ってろ」という感じでシャットアウトしようとする議論もあり、それも少し問題があるんですね。

詳しくは私の note などで解説していますが、ざっくりいうとその敷地内には公的機関が所有している公有地も含まれていて（一緒に建て替えられる秩父宮ラグビー場はＪＳＣ〈日本スポーツ振興センター〉という公共団体の所有地）、そこと一体化した再開発をするにあたって、政治的に規制緩和が行われたという経緯があり、そこが「不透明だ」という批判はまああありえる。

しかしながら明確に違法行為だといえるような内容でもないのは確かで、そして推進派の視点から見れば、「各種の山積みの問題があったところ、関係者一同で頑張って落としどころを見いだせて良かったよね」という感じの出来事ではあるんですね。

つまり「私有地だから完全に好きにして良い」という話ではないが、とはいえ違法行為でもないわけで、プラン全体の公的な納得感があるかどうかが重要になってくる。

実際に事業者案以外にもいくつかの代替案が提示されており、私はそれらも読んだ上でまとめる記事を書きましたが、ただ一つ大変印象的なのは、代替案を提示しているグループは、**「なぜそれが現実的に難しいのか」について一切理解していないし、理解する気もなさそうだ**、という点でした。

代替案について詳しく解説した「日経クロステック」の記事ですら、プランの詳細はものすごく詳しく書いている一方で、その現実的な難しさについては全く意識の外側にあるような感じだったのが大変考えさせられました。

事業者側のプランの本質は「保留床売却取引」によって、公費を一切入れずにあらゆる事業を全部実現することにあります。この手法は、東京駅を今の形で保存する時にも使われたスキームに近いもので（厳密にいうと東京駅は〝空中権取引〟と呼ばれるものなのですが、本質はほぼ同じです）、あまり高いビルが立っていない外苑部分で余っている「容積率」を「販売」することで、三井不動産が事業主体のホテル棟建設と南側の伊藤忠商事のビルの建て替えを行い、それによって総工費3490億円の全額を調達する仕組みになっています。そうすることで、公共団体のJSCが管理する秩父宮ラグビー場も含めて、公費を一切入れずに再整備が可能になっているわけです。

つまり、その手法を使わないなら、そもそもの再開発費用をゼロから捻出しなくてはいけなくなるのです。「事業者が考えているプランに使うはずだったお金を私たちのプランに使えばいいのになんでできないの？」という話は成り立たないんですね。

ここを理解した上で、

〈とはいえビルが高すぎるだろ〉

〈ホテル棟はともかく伊藤忠の方はやめろ〉

……とか交渉していくならまとまる可能性もあるんじゃないかと個人的に思いますが、反対派の多くはそういう部分は「汚らしい金勘定の問題であって私たちは考えなくても良い」と思っているのか、一切話が噛み合いません。

それどころか、SNSでは「自民党と三井不動産が金儲けのために税金をジャブジャブ注ぎ込んで私物化している」というような根底的に見当違いの批判が万単位に「いいね」されているのを見かけます。（繰り返すようですが、あの再開発は〝**税金を使わずに必要な建て**

替えを行うために〟関係者が努力して練られたプランなんですよ！）
そうやって代替案の現実上の課題点がどこにあるのかを理解せずに一方的に押し込もうとするので、本来知恵を出し合えるはずだったかもしれない対話は一切行われないまま、市民側から見て「説明不足でゴリ押しされてしまった」という無力感だけが募る結果となってしまうわけです。

「公」に対して無理難題をあくまで非妥協的に言い続ける「私」

ＴＢＳの討論番組に出演した時、共演されていた論客の方が、ＣＭが放送されている時間中に「欧米では当然市民主導で計画が精査されるのに、日本ではなぜそうならないのか」と嘆いておられましたが、この点についてはより深く考えるべき問題があるように思います。

欧米においては確かにそういう「公」の共有が実現できているかもしれないですが、一方で、景観に合わない個性的な家を好き勝手に建てたり、巨大なビルの端っこの敷地に、「最後まで売らないぞ！」と抵抗した古い家屋が残っているとか、ああいう日本における「決して妥協しない〝私〟」というものもほとんど見られませんよね。

江戸時代以前の町並みは、今のアジアでよくある「ゴチャゴチャバラバラの様式の家が好き勝手に存在するカオスな町並み」ではなかったことを考えると、人類社会の欧米支配が進む歴史的プロセスの中で、日本などの非欧米社会においては「公の共有」という概念自体がどこかおかしくなっている側面があるのではないかと思います。

思想史家・政治学者で京都精華大学教員の白井聡氏が、Xで、このあたりについて大変考えさせられる発言をされていました。https://x.com/shirai_satoshi/status/1750090673628557782

ツリーになった連続ポストの中で、白井氏は官僚の人の発言を引用しながら、「この国では消費者の「選択の自由」をわずかなりとも削ることは、強烈な反発を喰うのだ」とし、これは「公」が「公」であることに自信がないからではないか？　という問いかけをしています。

白井氏は「過激な反米愛国主義左翼」という方向の発言で炎上することがしょっちゅうある人で、私とは政治志向が違いすぎるほど違いますが、いつの間にかＳＮＳが相互フォローになっています。私にとっては以下のポストなどは大変共感するものがありました。

〈(公が公であることに自信がないのではという論点に続いて）なぜそうなる？ここには歴史的経緯があるのだろう。あの敗戦の経験により、「公」だと言って振る舞っていたものが全くの出来損ないであったことが露呈し、民主化により「私権の肯定」が正義となった。そして新たな形で「公」が再建されることはなかった。依然我々はそのような状況下にいるのではないか〉https://x.com/shirai_satoshi/status/1750095833931141460

敗戦によって「公」の顔をしていたものは全部説得力を失ってしまって、その空白にはもう、「消費者としての私」ぐらいしか残っていない。「公」を再建する努力を怠ってきたのではないか？　というのは、一度考えてみるべき課題だと思います。

ただし、「公」というのは、ただブーブー文句言ってさえいれば「ハイハイ待っててね〜」と何でも全部やってくれるお母さんとか召使いとかそういう存在じゃないはずですよね？「公に裏切られた」という意識をこじらせた結果、日本においては**「公」に対して無理難題をあくまで非妥協的に言い続ける「私」であることが、何か妙に高尚なことであるかのようにイメージされてきてしまった不幸**があると私は考えています。

しかし、敗戦で「公」への信頼が失われたのなら、それを再建するのは「自分たち」であるべきなのでは？　そしてそこに問題があるなら、自分が参加してなんとかする主体性があってこそ「公」が再生するはずなのでは？

第4章でも引用したスラムダンク風にいえば、

「しっかりしろォ‼　流れは自分たちでもってくるもんだろがよ‼」（宮城リョータ）

……といったところでしょうか。

リベラル勢力からのあと一歩の「リーンイン」が必要

再開発問題で考えるべきなのは、欧州みたいに地震もないし石造りだしあらゆるものを腐らせる湿気もない国でできることと、日本でできることは全然違うのだ、という現実を、まずは皆が共有することだと思います。湿気があればあらゆるものが腐敗しますし、木材中心の建築文化では、欧州のように数百年前の石造りの建物をそのまま使えるわけではない。地震対策のための最新技術を更新し続ける必要もある。

そういう非欧米社会の現実の難しさに自分ごととして向き合わず、

〈ボクが若い頃留学していたパリではね、人々はともに冷静に意を尽くして語り合い、公のものは公のものとして市民の力でコントロールされているものなんだよ。ああ、それに比べて日本ときたら！〉

……みたいなことを放言するだけの人が多すぎるから、「現実に責任感があるなら密室でやるしかない」みたいな不幸な状況が続いてしまう。

〈なるほど、地震もあるから欧州のようにはいかないですよね。その分何倍もかかってくる資金はどこかから捻出しないと。その手法にどういうものがあるのか専門家の助言を聞かせてください。できればこういうスペースがもっとあると市民のためになると思うのですが〉

こういうメタ正義的な「令和のモード」が盤石に存在していれば、もっとあらゆる衆知を吸い上げて適切に共有される計画を考えていくことが可能になるでしょう。

最近の東京の再開発が、面白みのないワンパターンなものになっているのではないか？というように感じている人は多いと思います。普通に座れる場所が少ないとか緑が少ないとか、そういう批判にも共感する読者の人は多いでしょう。しかしそういう批判は、「金勘定する人」と双方向でやりとりしていくことによってしか実現しないですよね。

例えば、これは東京ではないですが、梅田駅北部の再開発（グラングリーン大阪）などは、あの地域一番の一等地に広々とした自由に座れる緑を作った剛毅なプランで、称賛に値すると思います。

しかしあのプランも、緑地の維持費を隣の商業施設に負担させ、事業費全体は高級レジデンス部分などの開発費と一体化することによって捻出しているわけです。（神宮外苑や東京駅とほぼ同じ発想の金融技術と考えられます）

20世紀型の日本のインテリには日本国を構成員300人ぐらいの縄文時代の自給自足の集

落みたいなものと考えているとしか思えないことを平気で言う人が結構いますが、GDP600兆円の国では多種多様な専門家を尊重して協業しないと理想は実現しません。

リベラルな理想を持つ人たちが、自分たちを完全に〝無謬《むびゅう》の神〟的視点において批判しまくるだけでなく、積極的な「リーンイン（一歩踏み出して参加していくこと）」の必要な領域があるはずです。

「無料で座れる場所や緑地がほしい」という要望だけでなく、新宿ゴールデン街みたいな「ゴチャゴチャした街の魅力」を保存したいという欲求もありますよね。しかしこれも、耐震基準を満たしておらず、火事にも弱い木造の建物が消防車も入れない土地に密集している状態を残しておいていいのか、という難題を無視していては現実性がありません。

一方で、例えばこれも大阪ですが「大阪駅前第1～第4ビル地下街」などは、昔は寂れていた時期もありましたが、今は便が良いところに狭くて安い貸スペースがいっぱいあるということで、「ゴチャゴチャした街の魅力」を生み出す飲み屋街としてかなり活気がある状態になっています。

そういう実際に起きているリアリティを迎えに行く姿勢で、どういう規制や働きかけを行えばいいのかを考えていくことが今後は必須になってくるでしょう。

例えば、渋谷の一部では「エンタメ施設を誘致するなら容積率を緩和する」などの機動的な規制が試されていますし、建築関係のクライアントの経営者によれば、日本の建築規制は「地方」と「東京」というあまりに条件が違う経済条件を統一化した基準で規制することで色々とイビツな情勢が生まれており、そこを情勢に合わせて丁寧に変えていくことに可能性があるのではないかという話をしていました。

〈グラングリーン大阪すごいいいじゃん！　あれみたいなの東京で作るにはどうしたらいいか皆で考えよう。地価の高さの違いがあるのはわかった。その上でどういう資金調達スキームがありえるのか。一緒に考えましょう〉

〈ゴチャゴチャした街の魅力は戦後の闇市から地権がグレーゾーンのまま来た例じゃなくても実現できるのでは？　大阪駅前第1～第4ビル地下街のような場の形成を後押しできる、丁寧な規制のあり方を考えてみよう〉

このような、リベラル勢力のあと一歩明確な「リーンイン」があれば、三井不動産だろうと三菱地所だろうと森ビルだろうと、その思いに応えられるだけの能力も、「公」への献身精神も、全く消えていないと思います。

■ケーススタディ2　電力問題

電力問題について、その論者がちゃんと考えているかどうかを単純に判別する方法の一つは、原子力発電と再生可能エネルギーの「どちらかを完全否定」しているような人は、まあだいたい真面目に考えていないということです。

ただし、

〈丁寧に考え尽くされたフェアな電力行政を突き詰めていけば将来的に脱原発も可能だ〉

〈再生可能エネルギーの導入が余計な自然破壊に繋がらないような配慮が必要だ〉

……という論者は別です。それは当然、意味がある主張になります。

そういう細部の考え方の違いはあれど、今の日本の電力行政の〝お偉いさん〟レベルになると、この**「原発も再生可能エネルギーも両方必要」は揺るぎない合意点になっている**といえるでしょう。

ＳＮＳに溢れている、「再生可能エネルギーの導入は政府内にいる中国のスパイの陰謀」とか「原発がなくても何も困らないのに自民党と一体となった原発ムラの利権のためだけに延命されているのだ」と言っている人たちの影響力は徐々に失われてきているようで、まずはそのことに私はほっとしています。

なにしろこの問題は複雑で、「論破という病」に侵されている状態ではなかなか理解できないからです。

極論同士のぶつかり合い

ここまでの日本の再エネ普及において、一番最初に設定された太陽光発電の固定価格買取制度（いわゆる補助金）の値段が〝高すぎた〟ことが、余計に禍根を残すことになった……と考えている人は、再エネ推進派にも結構います。どうやら、現実的に妥当な価格が設定されていたところ、当時の民主党政権の誰かのゴリ押しがあって土壇場でかなり高い価格が設定されてしまったようです。

結果として、急激に太陽光だけが増えて全体の電力バランスを取りづらくなったことや、その後急激に需要が落ち込んで施工業者の倒産が相次いだこと、カネ目当てにあまり質の良くない業者が大量に参入し、制度自体への信頼性を失わせてしまったことなどが、長期的にあまり良くない影響を及ぼしたのでは？　という主張です。

脱原発に成功したドイツを見ると、風力やバイオマス発電など丁寧に分散した増やし方をしており、バイオマスなどは実質としては火力発電ですから、再エネの変動を吸収する負担が日本に比べてかなり低い。丁寧な配慮を積み重ねてバランス良く増やし、定量的に何度も検証して、原発なしでも成立するプランを粘り強く作っていったのはドイツ人のエライところだといえるでしょう。(それでもその脱原発の結果として「設備が古く、しかも褐炭を含む石炭火力」という〝全くもってエコじゃない〟電源に多くを頼ることになっている上、電気代もかなり高い部類であるなど色々な問題を抱えており見直し論も強く出ています)

一方で、日本では「敵か味方か」論法にどっぷり浸かっている人が多くいて、

〈太陽光の買取価格は高ければ高いほどいいに決まってるじゃないか！　自民党が支配している原発より、太陽光が優遇される。何の問題があろうか！〉

……というように、「幕末に外国人を見たら斬りかかっていたサムライ」みたいな解像度でしか物事を見られない人々が好き勝手言いまくる状況が放置された結果、丁寧な細部の設計が混乱させられ続けてきました。

日本人は普段の日常においてはあまり「友か敵か」で過激化するタイプではないことが多いですが、いざ「議論をしなければ！」となると途端に「論破という病」が蔓延してしまい

がちです。というか、「論破という病」にあえて感染しなければ、〝欧米人がやる議論とかいう高級な儀式〟に参加したことにならないのでは？　と考えている人も結構いるのではないかと思えてしまいます。

では次に、右翼の人がよく言う「再エネは中国のスパイの陰謀で」という説はどうでしょうか？

これがあまりに暴論であることは、中国自体が〝実際に〟再エネをダントツ世界一レベルに導入しており、かつ電気代もかなり安いことからわかります。

そもそも、最近の電気代の高騰の主な原因はロシアの戦争と円安による燃料費の高騰なので、増やしまくった太陽光発電で賄えている間はまさに〝燃料を燃やさずに済んでいる〟ために、むしろ再エネは電気代が安くなる理由になっているといえるでしょう。

そんなに再エネが安いなら再エネ賦課金（補助金）なんかいらないじゃん、というのもよくある暴論で、発電する燃料費の部分でなく、いわば発電所を建てる部分に使われている補助金なので、それが積み重なっていけば安価で無料に使える電力源が国中に増え、その分オーストラリアや中東に支払う金額が減るわけです。

そういう意味で再エネは重要な〝国産エネルギー源〟であり、特に太陽光は減価償却が終わってからはかなり安い電源になります。使わない手はない。

ただし、その太陽光パネルの大部分は中国製なので、気になる人もいるかもしれません。

これが例えば「中国と国際的に電力網を繋げて融通する仕組みを作る」という話であれば超危険で、「生殺与奪の権を他人に握らせるな！」と怒られそうですし、将来必ず揉め事の元になりますから私も絶対反対です。

ただ、中国が赤字覚悟で超安価に出してくれている太陽光パネルを買い切りで設置しても、別にリスクはないですよね。将来政治的対立から「もう売らない」と言われたら新規のパネルの設置をやめればいいだけの話です。

安全保障上どうしても重要な点における保護政策というのは必要な時代になりつつありますが、なんでもかんでも国産にする……というのは逆方向の狂気であり、ただでさえ人手不足で困っているのに、儲けられない産業分野を無理やり維持することはむしろ国力をガリガリと削ることになってしまいます。

もちろん、日本企業にまだ強みがあり、旧来のパネルが適さないところに自在に設置できる「ペロブスカイト太陽電池」のような新技術を育て、それを応用して国産太陽光発電を使っていくというのなら話は別です。**「なんでもかんでも」国産ではなく、「ちゃんと勝てると**

ころで」国産にし、戦略的に投資を行っていく環境を作っていくことが大事ですね。

脱原発のドイツはむしろ例外

原発に懐疑的な人の意見として、最近の東京電力管内では原発なしでなんとか乗り切っている例も多いことから、

「ほーらやっぱり、原発なんていらないじゃん！」

……というのも最近、よく聞く話ですね。

しかし、それを実現するために老朽化した火力発電所なんかも無理やり総動員し、ほんの数％の予備力しか残っていない状態をヒヤヒヤしながら眺めつつギリギリ持たせている電力会社の努力を、「やっぱりいらないじゃん！」の一言で片づけられてしまうと彼らも浮かばれないところがあります。

老朽化した火力設備は経済的にも不合理ですし、そもそも地球温暖化対策がやかましくいわれる今後の時代に、火力偏重の発電構成が今後もずっと続けられるわけがありません。

さらにいうと、ドイツが脱原発をしたからといって、「原発にこだわっている日本は世界の潮流から取り残されている！」というのは現実に反しています。

むしろドイツは例外的で、ＩＡＥＡ（国際原子力機関）の推計では、２０２３年末の世界の原発発電容量が３７２ＧＷである一方、２０５０年には最大９５０ＧＷまで伸びる可能性があるとしています。特に中国では原発を大量に建てていますし、北欧・東欧・フランス・アメリカ、そしてエジプトやトルコなどの新興国でも計画されている。原発がほんとうに時代に取り残された全く無意味なものならば、これだけ世界中で計画されているなんておかしいですよね。

それについてもう少し詳しく述べると、まず、既存原発と新設原発という別の論点があります。

既存原発を使わないのは、既に購入した持ち家があってローンも払っているのに、その家とはさらに別に賃貸を借りて暮らしているようなもので、二重にコストが生じ、お金がかかります。だから、もちろん安全確認は厳密にやるとして、既存原発を動かすのは圧倒的に合理性が高い選択肢になる。

次に問題は新設原発を作る意味があるかどうか、です。

反原発の人がよく言っているように安全対策費が高くなりすぎて、原発が安価な電源と言いづらくなっている面はある。

ではなぜ世界中で原発は計画され続けているのか？

それは結局、地球温暖化対策で火力がどんどん使いづらくなっていく一方で、ＡＩの普及その他で消費電力が激増するかもしれない……という両バサミの状況の中で、できるだけ選択肢を残しておかなくては、という危機感ゆえだといえるでしょう。

日本でも状況は同じで、再エネを増やすことが必要なのは当然として、しかし気候変動対策をしながら、今後激増するといわれる電力需要を本当に再エネだけで賄えるのか、現時点では不透明といわざるをえない。

また「サポートとしての少量の再エネの導入」と、「主力電源化するようなレベルでの大量の再エネの導入」では、変動を吸収するための特別なコストが全く違うレベルでかかってくるため、依然として原発はコスト面でも重要であるという試算も、最近は上がってくるようになりました。

再エネも「ごくまれに来るお客さん」レベルだった時には、「調子よく発電してくれる適切な気候の時限定の数値」だけで「安い！」と評価してもらえたけれども、いざ本気で「主力電源」化を目指すのであれば、その変動を吸収するための大量の蓄電池や、風力適地の北海道や東北から大消費地・東京を繋ぐ巨大な送電線のような追加投資分も含めて試算しないとフェアではないという〝当然の分析〟が行われるようになってきたということですね。

再エネ推進派の中でも、アンフェアな数字を振り回して「原発など本当はいらないのに自民党の陰謀で……」と言い続けている論者と、再エネの変動分の統合費用に対する定量的な分析の議論もキチンと受けて立ちつつその「最適な電源構成」の中で再エネの比率をいかに高めるかを考える論者に分離しつつあり、少しずつですが**前者より後者の声が議論に取り入れられる流れに変わってきていることは、大変喜ばしい**と感じています。

「党派的な素人意見の投げ合い」を脱却し、キチンと定量的に分析された最適な電源構成へと向かう議論が、混乱することなく、盤石に行える情勢にもっていきましょう。

ともあれ、そういう情勢変化があるために、「いざという時のために原発というカードを残しておきたい」というのは当然考えられる発想です。その意味で、岸田政権で原発新設プランが動き出したこと自体は評価すべきことだといえるでしょう。

また、気候変動問題解決に対する「そもそも論」として、例えばワカメや昆布を大量養殖して二酸化炭素を吸収させてしまうといった奇想天外なものも含めて、本当に多種多様な技術アイデアが世界中で生み出されつつある中で、太陽光と風力発電のように**「今の時点で見えている技術」だけを徹底的に全面化しようとし、それ以外を一切認めないような態度が本**

当に「衆知を集めて共通課題に立ち向かうオープンさ」を維持できているのかという本質的な課題がここにはあると考えてみましょう。

もちろん、丁寧に再エネを増やす政策を打ち続け、省エネの技術革新もして、それで十分需要が賄えるという見通しができてくれば、極小確率であるにしろ甚大な被害を生じる可能性のある原発はない方がいいという意見は十分理解できるものですし、その時計画はキャンセルすれば良いわけですよね。

日本の電力関係者で再エネ自体に否定的な人などもういない

SNSでよく見られる、〝片側からだけの意見〟をパラパラと見てきましたが、「原発と再エネのどちらかを今すぐ完全否定してどちらかを選べ」と言っている人は相当に偏った意見の持ち主だ、という感触がわかっていただけたかと思います。

日本における野心的な再エネ導入プランを発表しているシンクタンクとして、アメリカのエネルギー省傘下の「バークレー研究所」や、日本の「自然エネルギー財団」が発表しているプランなどを見ていると、だいたい東北や北海道の陸地や洋上に風車をとにかく大量に大量に建てまくるプランになっています。

私は彼らのプランについて、ほぼ国産エネルギーで賄えるようになるという意味で、かなり夢があるものだと感じています。コスト的にもまあまあ許容範囲に収まる（少なくとも彼らの試算では）ことになっているらしい。しかし、あまりに「やってみないとわからない」ことが多すぎて、今すぐこれ一本に絞りなさいと言われてもそりゃ困るよね、というのが正直な感想としてあります。

まず、そもそもそのコスト試算自体が本当にやってみないとわからないことが多いです。

さらには、おそらく合計1万本を大きく超えるほどの巨大風車を陸上と洋上に並べることについての環境的悪影響などは本当にないのか？　それに大きく頼った電力網にするとして、もし台風などが1週間続くような環境下でそれを全て停止しなくてはならなくなったら、その分を本当に長期的にバックアップし続ける手段があるのか？　と、素人の私から見ても「？？？」となる問題が沢山ある。専門家の議論を網羅的に見ていても、それが「絶対大丈夫だと言い張れる根拠」はあまりないように思われます。

自然エネルギー財団や、バークレー研究所の関係者の人や、その他一般人の再エネ推進派の人も含めてですが、彼らはＳＮＳで「再エネなんか使いものになるかバーカ！　お前は中国の手先だろ！」みたいな攻撃を常時受け続けているので、

〈いかに再エネに可能性があるか、もっと世界の事例を持ってきて説得しなくては!!〉

……という方向であらゆる議論を組み立てており、余計に話が混乱しているように思われます。

しかし、日本の電力行政をちゃんとわかっている人で、再エネに否定的な人など既にほぼ一人もいないという状況ですから、「再エネにはこんな可能性があるんです！」とか言われても「知っとるがな！」という話でしかない。

そうではなくて、

〈本当にそれ一本でいけるかどうかわからないのに、脱出用の船を先に燃やしてしまうようなことをさせないでくれ〉

……と思われているのだ、と考える必要があるのだと思います。

実際、再エネを増やす方法は再エネに情熱がある人しか思いつきません。しかし、それを現実に実現していくためには、懐疑派も含めて現実と関わる人との立場を超えた協業が必要ですよね。

例えば最近では営農型太陽光発電といって、農業をやりながらその上で発電もする方式などが普及してきています。これも、最初に推進派が言い出した時は、「何の問題もなく作物も育ちます！」みたいな話だったのが、実際にやってみると色々と問題が起きて頓挫しかかったんですよね。

でも、協力する農家の人たちと一緒にそれぞれの作物ごとに最適なパネルの置き方や、栽培品種を変えるなどの工夫を積み重ねてきた結果、徐々に普及してきている。静岡のお茶のように、そもそも棚のようなものを作って影にすることが栽培上必須だったような分野では、急激に普及したりしています。

そういう地道な工夫の積み重ねを、社会の逆側にいる人たちと一緒に積み重ねていけるかが、これから大事になってくるでしょう。ところが現状は「再エネで絶対全部賄えるんで、原発や石炭火力などは全て廃棄してください」みたいなことを言うから押しあいへしあいになってしまっているわけです。また、「いざ台風で風力が1週間止まったらどうするんですか？」というような懸念を黙殺するのも良くありません。

もう一つ考えねばならない点として、「再エネ発電会社」と「再エネの変動をバックアップする会社」は違うことが多く、再エネの発電量が増えると電気代が再エネ発電会社にのみ払われることで、「バックアップ用の電源（主に旧来の電力会社が抱える老朽火力など）を維持し続けるコスト」が手当てできなくなってしまう課題があります。

昨今、日本の電力が時々逼迫するようになっているのは、実はこの部分の制度の歪みによって、いざという時のバックアップ用に発電所を維持し続けるコストを旧来の電力会社が負担しきれなくなってしまったことが大きい。

例えるなら、「気が向いた時だけバイトに来る学生」にばかり給料を払って、「いざという時に残業もする約束で穴が開かないように待機している正社員」に給料を払わない仕組みでは、サステナブルではないですよね。

いかに再エネ業者に1円でも多く払われるようにするかだけを考える「私」レベルの利権のような視点ではなく、どうすれば日本の電力システム全体という「公」のために最適化した制度にしていけるかを考えていくことが大事なのです。（もちろん、再エネ側だけではなく、古い電力会社側の「私」にすぎない利権も当然あります）

敵と味方に分かれて「敵」を排除しようとする議論を超えて、**「何が本当に〝公〟として正しいのか」**について丁寧に目を向けていくようにする必要があるわけですね。

そうやって**「メタ正義的」な共通了解を盤石化し、「私」にすぎない利権の暴走をいかに抑え込めるか。**

〈原発や石炭火力、バックアップに必要ですよね？　不安ですもんね？　どうぞそれはそのまま置き、メンテナンスしておいてください。その費用も出し合いましょう。でも、私たちと一緒に協力していきましょう。使わずに済むようにさせますから！〉

こういう「メタ正義的」な合意が取れるようになれば、SNSで暴れている「再エネは中国の陰謀」とか、逆に「脱原発できないのは自民党がクズだから」みたいな暴論に一切つけ入らせずに、適切なタイミングで適切な再エネ普及策を打っていき、いずれ、

「おおスゲエ、本当に原発いらなかったじゃん！」

……というところにたどり着く可能性も、初めて生まれるようになるでしょう。

■ケーススタディ3　外国人との共生

世界中の人間とスマホを通じてやりとりするのがここまで日常になるとは、20年前どころか10年前も想像がつかなかったと思います。

スマホのSNS画面をフリックするだけで、非常に高い解像度の映像で、世界中で今流行っている日常おもしろ動画や歌やダンスが飛び込んできます。

画像・動画だけでなく、例えば日本の漫画家のアカウントに世界中からリアルタイムにコ

メントが届き、特にここ数年はAI翻訳が飛躍的に高性能化したために、言語の垣根を越えて同じ作品を愛する者同士がワイワイ話しているのが本当に〝日常〟になってきました。

ここまで世界が緊密に結びついた時代になれば、人は当然移動しますし、「日本生まれの日本人」以外が日本に住む例も当然増えます。北朝鮮のように国を閉ざして発展に背を向けるのでないなら、どの程度かはともかく「外国人との共生」は当然必要になる課題として生まれます。

育った文化が違う人間同士が隣人になるのですから、そこには当然トラブルも生じますし、排外主義的な気持ちを持つ人たちも出てくる。それについて我々はどう考えていけば良いのでしょうか？

この問題の入口として、今SNSで話題になっている「川口市のクルド人問題」について考えてみましょう。

川口は〝修羅の国〟になってしまったわけではない

ちなみに、私のXはいつも殺伐とした論戦が繰り広げられているのですが、私の妻のタイムラインを見ると可愛い犬や猫の動画、趣味の登山の情報、あとは日常ほんわかエピソードばかりが流れていて、まるで同じアプリとは思えません。もし「川口市の話なんてSNSで聞いたことないんだけど」と言うのなら、それはそれで幸せなことなのだと思ってください。しかし、たいていの「政治的にやかましい」SNSに触れている日本語圏の人なら、一度は「川口市のクルド人問題」について聞いたことがあるでしょう。

とはいえ、最初に断言しておきたいのですが、SNSの一部で言われているような、「とても普通の人が住めないほどに治安の悪い魔境（ネット用語で言う〝修羅の国〟）」のような状態になってしまったという情報は全くのデマです。

この問題を考える上で、まず知っておかねばならない基礎知識は、我々は挨拶みたいに「物騒な世の中になりましたね」と言っていますが、実際の刑法犯認知件数などを見ると、過去20年で日本は圧倒的に安全になっているんですね。

これは全国的傾向（どころか、大枠で言えばアメリカも同じ傾向があるそうです）なのですが、日本が一番〝危険〟だったのは平成中期ごろ（2002年）であり、その時期に比べると今はたった4分の1程度になっています。これは主に犯罪を犯しやすい若い人口が減ったことが原因と考えられ、そして世の中が断然安全になってきているからこそ、逆に一部の事件が大きく目立つように印象化されている側面があるのだと思います。

もちろん、陰謀論好きの人は、外国人には警察が弱腰だから数字に現れないんだろうと思うかもしれませんが、平成中期との刑法犯認知件数の差はあまりに大きいので、「今の川口市が平成中期の川口市よりも危険」ということはありえないといえます。（それに、日本の警察が人種的に〝外国人に見える〟人にはそもそも厳しい傾向にあるともよく指摘されていますしね）

そうか！　じゃあSNSで騒いでるヤツらは何の実体もないところを偏見だけで騒いでいる、全員許されざる人種差別主義者どもなんだな！　けしからん！　レイシストを許すな！

……と言いたいところなんですが、問題はそう簡単でもないんですね。

何人いるか正確に把握できない制度の谷間にいる人たち

調べてみるとクルド人の問題には特有の課題がいくつもあります。

まず、色々な事情で、正規の在留資格を持った人ではない人がかなり含まれていて、就労許可がない人や、健康保険への加入も不可になってしまっている人が多く、実態として制度の谷間にいる人が沢山いる状態なんですね。

そこに他の外国人とは全然違う難しさがあって、そもそも住民登録をしていないため、いったい何百人、何千人いるかも正確にはわからず、住民税も払っていない状態が続いている。それでも市内で子供が生まれたら面倒を見なくちゃいけないし、公教育への受け入れもしなくちゃいけないし、無保険者がかなりの数いると考えられる中で病院でのトラブルも解決せねばならず、川口市の担当者から見たら切実な問題なのです。

こういう〝制度の谷間〟問題に対して、川口市は自分たちのできる範囲でかなり頑張って小中学校で差別なく受け入れようと取り組んできた事実があります。スマホ片手に「クルド人の人たち可哀想ぉ～。日本のレイシストどもなんか○ねばいいのに！」とかSNSで発言して、10分後にはすっぱり忘れちゃえる人たちの目線で解決できる問題ではない。そこを理解せずに川口市長や川口市議の発言などを遠いところから聞いていると、ものすごく排外主義的なことを言っているように聞こえてしまうんですね。

私がこの問題について取材してまとめた記事が非常に広く読まれて、川口市議とその支援者の集まりのような場に呼ばれたのですが、みなさんが口々に、

〈やっとちゃんと話を聞いてもらえる環境をあの記事が作ってくれた。自分たちが実際に体験している問題を聞いてもらおうとするだけで、ものすごく極悪な差別主義者扱いされていた〉

……という話をしていたのが印象的でした。

　実際にお会いした奥富精一市議などは、クルド人の名前を個人名で沢山知っていて、「A地域の3丁目のファミマの裏ぐらいにあるあのアパートのクルド人の集団はB（クルド人の名前）の解体業で働いていて、そこのヤード（解体作業場）の騒音問題についてBに発注しているC（日本人の名前）を通じて話をつけてもらおうとしたんだけど……」

……みたいな話が際限なく出てくる人で、そうやって地続きの共生環境を整えようと頑張ってきた地域の歴史があり、2010年代から住み始めた〝オールドカマー〟のクルド人たちとは、緊張感はあれどある程度共生の目処が立っていたらしい。

　しかし、2023年のトルコ地震後（あるいはコロナ禍明けで急に国境を開いた影響という説も）一気に1500人ほど増えたニューカマーとの間のトラブルは今までと違ったレベルとして存在し、そうはいっても市民側から見れば同じ「クルド人集団」の問題として認識されてしまって相互憎悪が募っていってしまっている現状があるようです。

　厳密にいうと〝オールドカマーとニューカマー〟と明確に分離できるわけではなく緩やかに一つの集団を形成していますが、馴染んでいる度合いがあまりに違いすぎてコントロール不能になっている側面がある。

「現場の良心さん」を巻き込めるか

まず「ゴミ出しのルール」が全然守られなくなって路上がゴミで溢れたり、日本社会のマナー的にはありえない騒音や、通学路を暴走するトラック……といった問題はあちこちで指摘されています。

急に増えたニューカマーのクルド人は日本語もできない人が多いし、クルド人経営の解体業で働いているので日本社会との接点もなく（そこが多くの工場地帯における外国人との違い）、日本社会のルールなどを習得する機会もなくてトラブルが増えており、長年のクルド人支援団体（つまりはリベラル寄りの人）でもさすがに手を焼いていて、帰ってほしいと思っている人もいるらしい。

つまり、解決が必要な課題は明らかにそこにあるんですね。

ここで注意してほしいことは、川口市民の一部が**「解決を求める声を上げる」**のを、**一緒くたに「差別主義者め！」とシャットアウトしてしまうと、彼らの気持ちを受け止めてくれるのはガチの排外主義ムーブメントしかなくなってしまう**ということです。

「川口市はもう普通の日本人は住めない〝修羅の国〟になってしまった」というSNSのデ

マに騙されてもいけないですが、一方で逆に、「何も問題はない。そこに問題があると考えることと自体が差別主義なのだ」というようにシャットアウトし続けると、排外主義的なムーブメントの火に油を注ぐ結果になってしまう危険性があるという状況なのです。

私自身、大変大きな学びだったたなと思うのは、奥富市議をSNS上だけで見ると、かなり排外主義的な「ネトウヨ」議員と見なす人がいるのもわからなくはないところなんですね。

しかし、実際に会ってみると、前向きになんとか共生を実現しようと頑張っておられ、いわゆる偏見のようなものがある人ではない。排外主義に心を痛める人は、この「奥富氏のような人間」をいかに自陣営側に巻き込むかに、真剣になるべきなのだと思います。

私は奥富氏のような人を**「現場の良心さん」**と呼んでいます。

企業を買収して乗り込んでいく時、コンサルとして何らかの変革を導入しようとする時、「現場のことをよく知っているがゆえに無責任な変化にはある程度抵抗感がある人物」がどの集団にも存在します。

変革を求める側に対して、すぐに揉み手をしてすり寄ってきて「僕もそう思ってたんですよぉ。ウチの会社って頭古くてダメですよねえ?・」と言ってくるタイプと違って、「現場の良心さん」は最初は保守的というか、変化に抵抗感のある場合が多いです。

しかし、現場レベルの課題に浸透する形の議論を丁寧に通していきさえすれば、必ずわかってくれますし、変化の実務を担ってくれたり、また「その人が言うのなら」という形で広い範囲の意見の取りまとめを実現してくれたりもします。

外国人との共生に関しても、いかにこの「油側＝ローカル社会」にいる「現場の良心さん」まで浸透し、両輪として共生を実現していけるかが鍵となるでしょう。

ＳＮＳアカウント名の後ろに「レイシストを許すな！」とか書いてる人の世界観からすると意見が違うかもしれませんが、その街で色々なクルド人と関係を結び、実際にトラブルがあれば奔走して話をつけているのは、奥富氏のような人だからです。

そして、彼が考えている課題にリベラル側が責任を持って応えていくことができれば、排外主義ムーブメントが延焼する状況を根本の部分で食い止めることができるようになります。

「住民の体感」は見逃せないセンサー

私は色んな経営者と仕事をしてきましたが、良い経営者は、現実の「ちょっとしたズレ」を見逃さずに次々と手を打っていく人たちだなと感じています。

昨日まで普通に売れていた商品がだんだん時流とズレてきた時に、それをちょっとした売上の数字の変化や店頭での顧客の振る舞いなどから鋭敏に感じ取り、先手を打って対策を打ち続けていけるかどうか。

外国人との共生問題も、このように考えるべきなのではないか？　と私は考えています。「ズレ」がある時、それを無視して「外国人差別を許すな！」とシャットアウトしてしまうと、そこに生まれたエネルギーはどんどん排外主義に吸い込まれていってしまいます。問題が小さいうちに鋭敏に感じ取り、共生のための策をどんどん打っていけるかどうか。それが、長期的に見て日本が排外主義に呑み込まれないための重要なポイントになるでしょう。

最近の携帯電話会社は、ただ満遍なく基地局を増やすのではなく、SNSなどでの反応で「繋がらない」という不満が出ている場所を特定し、そのセンサーが捉えた「今、不満が生まれている地域」に集中的にネットワークを整備することで、効率的に「ちゃんと繋がる」状態を維持するようになっています。

排外主義的な盛り上がりは、リベラル勢力にとってそういう意味での「センサー」として活用するべき存在なのだといえるでしょう。

ここにも、リベラル側が真剣に「リーンイン」すべき課題があるわけです。

その微妙なズレを探知して対処するには、単純に統計や「フラッと行ってみた」程度の感覚では足りないことに注意が必要で、だからこそ「住民の体感」に耳を澄ます態度が必要になります。なぜなら「住民の体感」は、統計的な数字に現れない、その地域の問題の細部を伝えてくれる鋭敏なセンサーでもあるからです。

例えば、川口市よりも外国人比率が高い自治体は全国に沢山ありますし、川口市在住の外国人の中でもクルド人は多い方ではありません。（中国人やベトナム人などの方が断然多い）しかし、なぜクルド人だけがここまで問題視されているかというと、先ほど書いた制度の狭間問題で役所が把握しきれていないという問題に加えて、「受け入れ側のキャパシティを超えて急激に入ってきたニューカマーの多くは日本語ができず、かつクルド人経営の解体業で働いているので日本社会との接点がない」という点が大きい。

この状況をほうっておくと明らかにゲットー化していきますし、まだ統計に現れていませんが、「引っ越そうと思っている」という声を私は川口市民からかなり聞きました。

ここでアメリカのように、具体的な対策を求める声を「差別主義者を許すな！」と言って排除するようになると、個人レベルでは本当にどんどん引っ越していっちゃうんですよね。

そして、自分の子どもには「何丁目から何丁目の間は行っちゃ駄目ですよ！（心の声＝○○

人が住んでいるからね）」と厳命しておきつつ、SNSでは「こんな不正義はもう沢山なんだ！」という動画をアップして「いいね」を稼いだりする。

こういう欺瞞が本当に「正義」なのかについて真剣に考えるべきです。

共生における住民の不安感が出てきたなら、その「アラート（警戒情報）」に素直かつ迅速に反応し、リベラル側で団結して共生のための特別な取り組みを機動的に積み重ねていけるかどうか。「水の世界」の内輪トークで終わらせず、社会の逆側の「油の世界」で日々頑張っている奥富氏のような「現場の良心さん」を、巻き込むことができるか。そこが大事だと言えるでしょう。

数字の扱い方は慎重に

逆側の人と協調することを考えると、先ほど出したような川口市の犯罪統計などを持ち出して、「安全になっているのに危険があるなんて全てデマ！」と言い切ってしまうことは、（実は、私自身も以前はそういう風に思っていたしそういう記事を書いたこともあるのですが）望ましいことではないと私は考えています。

なぜなら、統計で黙らせた場合、統計がひっくり返ったら差別をしてもいいということにもなりかねないからです。
川口市は首都圏に位置するかなり大きな市であり、人口も大きいことから市内のクルド人は1％もいないと考えられます。それを考えると、川口市の犯罪統計みたいな一緒くたの数字を持ち出して対策を求める川口市民の要望を「論破」した形になること自体、あまり科学的とはいえない態度であることがわかります。（大雑把にいえばクルド人の方が日本人より100倍犯罪をするぐらいにならないとその数字に大きな変化は現れない）
その科学的に合理性のない数字の扱い方の問題を突き詰めると、より細分化した数字を持ち出せば、「外国人の犯罪率」が日本人より高い数字として出てきかねないということにもなります。これはそれほど差別的な議論というわけでもなく、例えば日本人住民は上の世代の方が多く当然落ち着いていますが、クルド人は若い人口が多いですから、それだけでも犯罪率が高くなりがちですよね。
そして2023年7月に、女性を巡るトラブルからクルド人男性同士が刃傷沙汰を起こし、両者の親族や仲間が病院に集まって大騒動になった事件があったことからもわかるように、彼らは日本でいえば『ろくでなしBLUES』（森田まさのり／集英社）とか『東京卍リベンジャーズ』（和久井健／講談社）型の価値観で生きている人も多いですから、「丁寧に分離したデータの出し方」をすれば、有意に犯罪率が高いという結果になる可能性は十分にあります。

つまり、**川口市の犯罪統計を持ち出して、対策を求める川口市民の要望を「論破」するというのは、そもそも科学的な数字の使い方といえないし、彼らを排外主義の方向へ追いやってしまうという意味でも望ましいことではない**のです。

そしてなにより、何か対策が必要だとなった時に、それを人権侵害にならないような形でやるには、よほど真剣な「リベラル側」の人間の関与が必要なんですね。

例えば中東系の顔立ちと見ればいきなりしょっちゅう警察が職務質問する、みたいなのは明らかに「レイシャル・プロファイリング」という人権侵害ですし、保守派サイドの欲求をそのまま取り入れると、文明国として問題があるような課題が沢山ありますよね。

国際基督教大学准教授で移民・難民政策がご専門の橋本直子先生は、例えばゴミの不法投棄や、通学路をものすごいスピードで通り抜けるクルド人の若者の暴走自動車や、過積載トラックのような課題については、「日本人も平等に裁かれるのであれば、自治体が制定できる少額の過料を徴収するような制度は有効だろう」とおっしゃっていました。

また、埼玉県警はトルコ語を話せる職員を雇うことにしたそうですが、そういう形でもっと「交番フィロソフィ」的に密接なコミュニケーションが常時ある状態を必死に作っていくことが重要です。

そうやって「井戸端会議」的な関係性を作った上で、「果てしなく具体的な話」を大量に積み重ねていけるかが重要ですね。

また橋本先生によると、世界における移民問題は、英語圏と非英語圏では全く違う課題があり、**非英語圏では必死に言語教育をやることが必要**だというのは移民学の世界ではコンセンサスになりつつあるそうです。

例えばスウェーデンなどは「スウェーデン語を無理強いしない」といった理想論を当初は採用していたのですが、そうするとどんどんその移民集団が社会と馴染めずゲットー化していって余計に後の排外主義の台頭に繋がってしまったらしい。

橋本先生は国連をはじめとする国際機関での勤務経験が豊富で、英国の名門大学の博士号を持ち、なにより発展途上国の深刻な紛争地における人道支援の実務経験もあるスーパー実務家大学教員さんなのですが、そういう〝本当の専門家〟の人は、「なんとなくリベラル寄りの意見を持った素人」から見れば「あ、そこまで言っちゃっていいんだ」という部分に踏み込んだ提案をする印象があります。

「進んだ欧米の視点から〝未開で遅れた〟非欧米を断罪する」というレベルの発想ではなく、実際の欧米社会の理想と現実のギャップも深く知り、さらに「グローバルサウス」的な世界における色々な課題をもちゃんと視野に捉えている専門家の意見は、ありとあらゆる「国」的な制度をとにかく破壊したくてたまらない左翼的素人の意見よりも、むしろ保守派側の意見と（一部は）一致する例がかなりある。そういう専門家の知見をベースに、「差別にならない公正さ」を目指しつつ、実際に川口市に住む人々の具体的な困り事について一つひとつ丁寧に対策していくことが大事です。

この本の原稿を橋本先生に読んでいただいたところ、

「外国人排斥自体が目的のデモやSNSのデマに惑わされてはいけないが、実際に川口市に住んでいて日々の課題を感じていらっしゃる住民の懸念には絶対に真摯に耳を傾けなくてはいけない。問題発生を未然に防ぐような対策を前のめりの姿勢で市と国が協力して行っていく必要があります」

というメッセージをいただきました。

ただ、こういう「リベラル的良心を持つからこそ、ただ〝敵〟を差別主義者として攻撃するだけでなく具体的な対策を必死に積んでいくことが必要だ」という姿勢は、今のところ、どちらの政治党派からも攻撃されがちなんですよね。

橋本先生も、こういう方向性の発言をされるようになってから「伝統的な左派の人からしょっちゅう理不尽な攻撃を受けたりするし、友達が減ってしまった」と言われていましたし、かといって「ガチの排外主義」の人たちの理解も得づらい。

第3章で紹介したPTA改革の岡田先生も同じようなことを言われていて笑ってしまいましたが、ただただ「敵」を全否定して仲間内だけで怪気炎を上げるだけに終わらず、生きている現実と格闘して何かを本当に変えていこうと思うなら、20世紀型の党派対立で頭がいっぱいになっている人たちとは距離を置いて、「メタ正義を目指す新しい仲間」を募っていくことが必要となります。そしてその先にこそ、排外主義に対する本当の勝利も見えてくるのです。

橋本先生が、「確かに古い友だちは減ってしまったが、倉本さんのような新しいタイプの友達は増えてそこは嬉しく思っている」と言ってくださって大変光栄に思いましたが、今の時代に蔓延する「論破という病」に疲れた読者のあなたも、この「あたらしい希望を信じる仲間」にぜひ参加していただければと思っています。

（橋本先生の以前の勤務校の一橋大学において、私と長時間対談していただいたウェブメディア記事が大変好評でしたので、ご興味があればぜひお読みください）「SNSで「敵」の悪口を書き連ね、仲間内だけで褒め合っているだけでは無意味「本当に社会を変える」のに必要な戦いとは何か？　倉本圭造×橋本直子対談（前編）」https://finders.me/kqFQpDM5NDk/2

外国人をどの程度入れるのか

最後に、「そもそも論」的な話をしたいのですが、クルド人の問題に限らず「外国人をどの程度入れるのか」は、今後も綱引きの余地があります。川口市の問題のように紛糾しかかっている例などでは、とりあえず直近では「入り」を絞って丁寧に共生策を積んでいくことが必要だと個人的には考えています。

ただ一方で、移民問題で先行する欧米が入れている移民の数は、日本の現状から見て比べ物にならないぐらい大きい人数なのも事実です。しかも当初は、「移民に馴染んでもらうための特別な文化統合策が必要」という視点もないままどんどん労働力として取り入れてしまった過去がある。

例えばドイツは今や在住者の4分の1強が外国人であり、その外国人の半分はドイツ国籍を持っています。一方で日本の在留外国人は技能実習や留学などの滞在者まで全て足し合わせても令和6年に358万人程度で、これは総人口の約2・8%にすぎません。

少しいい加減な数字の比較をしますが、ドル建てのGDP総額がドイツに抜かれたと話題になりましたが、これだけの経済的ハンデを抱えていればそれぐらいのことは起きるよね、という気がしてきますね。

アメリカなどは合法移民約70万人と不法移民（で把握できたもの）だけで「毎年」約250万人！　も入れていて、日本でいえば大阪市とか横浜市とかの人口分が毎年増えていっていることになります。

しつこいようですがこれは「毎年」の数字で、例えば全く無人になった大阪市の町並みを想像していただいて、そこが毎年、不法移民だけで一気に〝満員〟になるという、ものすごいダイナミズムが存在していることがイメージできると思います。

さすがにそんなことができるのはアメリカだけですし、社会的な問題も大きいので今後方針転換がなされるかもしれませんが、どちらにしろ「数の暴力」という感じで、世界最強の経済が形成される理由が単純明快にわかる気がします。

今後の日本について考える時、「国内に入れた人の扱いをできる限り平等にする」のは人権的な義務ですが、「どの程度の数を入れるのか」は、主権国家が民主的手続きで決められることなので、色々な数のイメージがありえます。

保守派の人は、できるだけ少ない数にしたいと思っておられることでしょう。

その方々にお願いしたいのは、もし本気でそれを望むのであれば、**同時に自動運転やロボットの導入などの「省人化技術」への投資を真剣に呼びかけてほしい**ということです。単に「移民を入れるな」というだけだと、彼らなしに既に現場仕事が全く回っていない日本社会の現状からしてあまりに非現実的なので、説得力が薄くなってしまいます。そういう下部構造としての経済の事情でそもそも成り立たないような意見は決して実現しませんし、無理やり規制しようとしてもブラックマーケット的な不法移民が増えるだけに終わるでしょう。

逆に無制限に移民を入れまくると「安い労働力」として使い潰すことで人権問題になり、かつ平均給与は下落して国内の非・裕福層にも打撃となり、さらに省人化技術も活用されずに他国に先を越されてしまう……という、右から見ても左から見ても良くない状況に陥ります。

第4章で詳しく扱ったように、今は自動運転やロボットなどの省人化技術が〝離陸寸前〟まで来ており、国際競争上、今まさに先んじて徹底して応用できた国にデータがたまり急激に有利になるようなポイントに来ています。そこに公的投資でブーストをかけるためには、特に地方における自動運転などで、公的機関が積極的に活用する側に回ることが非常に重要になってくるはずです。できる限り移民を入れたくない人は、皆で結託し、省人化投資を全力で盛り上げるように持っていきましょう。

ただし私は、日本のように**「少しずつ受け入れ、毎回ちょっとしたズレでも大騒ぎをしながら共生策を積んでいく」プロセスを丁寧にやっていけば、あるレベルまでの外国人受け入れはメリットの方が大きい**と感じてもいます。世界一の高齢化社会の日本の人口ピラミッドのイビツさや、今後数千万人単位で人口が減っていくリアリティを数字で知っている人であれば、ほぼ全員といっていいほど切実にその効果を理解できる話だと思います。

ドイツやアメリカほど入れるのは無理だとしても、適切に「日本という磁場のオリジナリティ」を維持し続けられる形で最大1割程度でもニューカマーがいてくれることの、経済・社会面でのインパクトは計り知れません。

それでは「日本が日本ではいられなくなる！」と保守派の読者は警戒するかもしれません。

しかし、「急激な人口減少で国際社会における日本文化の存在感が弱まってしまう」前の今のタイミングで丁寧な施策を積んでいけば、キチンと馴染んでもらった上で日本社会に独自の志向性を追加してもらうという、幸福な関係を構築できる可能性は高い。日本経済が世界一だった頃の存在感をある世代以上の世界中の人が記憶していて、日本文化に対し敬意を持ってくれる人も多い〝今〟しかできないことがあります。

例えば『SPY×FAMILY』（遠藤達哉）『チェンソーマン』（藤本タツキ）『ダンダダン』（龍幸伸）といった昨今の集英社の大ヒット漫画を編集したのは林士平氏という両親が台湾人の方です（林氏は現在は帰化）。他にもさまざまな人種のお笑い芸人さんが活躍する現状があるように、お互いにとって「幸福な出会い」を生み出していくことは可能でしょう。「人口減少といっても人手不足でちょっと困るぐらいでしょう？」と思っている人がいるかもしれませんが、統計数字をある程度実感を持って読める人ならとても「ちょっと困る」では済まないことが目に見えている状況なのです。

必死の省人化投資でショックを和らげようとか、ダダ崩れに不法状態で入れるのでなくキチンと法律を整備し厳格かつ合法的な形で受け入れるべき……という議論は必要でしょう。また、受け入れる人数はこれからの政治的議論で増減があるので、保守派側が「できる限り減らす」政治運動をするのはいい。**しかし決してゼロにはなりません。**

ゼロにはならない以上、彼らに「馴染んでもらうための政策」を真剣に積んでいくことが絶対必要です。そこにかけるコストを渋っているようでは日本中に日本語ができず社会に馴染めない外国ルーツの人が増え続け、保守派側にとって最も不本意な未来になるでしょう。

一方で、今は特段の配慮無しに移民を入れすぎたことで政治的に大紛糾している欧米の事例があるため、「〝郷に入っては郷に従え〟要素を少しでも求めること自体が人権侵害」と無責任に押し込む左派的な説得力も失われていく時代になっています。

「右と左の両極端」は現実を見ていないという意味で同罪であり、今こそ真剣に「人道的で、かつ厳格で公正な」制度を考えるべき時に来ているのです。

日本社会が構成員に求めることは何か

先ほど紹介した橋本先生は、国連職員時代にスイスのジュネーブに在住しておられたのですが、ジュネーブ市はものすごく騒音に厳しく、夜10時以後はトイレを流すのもシャワーやお風呂に入ることも禁止されていたらしく、一度「ちょっとぐらい」と思ってやったら隣人に激怒され、「次やったら警察を呼ぶぞ」と言われた体験を対談で話してくれました。

こういう例を聞いて思うのは、日本人より欧米人が「寛容」（……なように過去には見えていた）というのは、単にそもそも「〝自分たち流〟を押しつけるパワーが今まではあった」というだけの話ではないのか、という視点がこれからは必要になってくるということでもあります。

結果としてその「高潔な人権精神と寛容の余力をもった」欧米人ですら、自分たちの社会が押しつけていた〝特権性〟を掘り崩されるようになってくると、排外主義に席巻されてしまっている現状がある。

そもそも、「郷に入りては郷に従え」をきちんと求めていくことをしないと、あらゆる土地に何の特徴もなくなり、人類社会全体が全く多様性のないのっぺりとした均質化した世界になってしまいますよね。今の時代に必要なのは、それぞれの地域が特色を出し、馴染む意志のある人だけが取り込まれていくようになれば、むしろそれぞれの地域の〝多様性〟が保存できるようになるはずだ、という逆転の発想なのです。

日本においても排外主義を克服するためには、ありとあらゆる「郷に入りては郷に従え」要素を排除しようとするのではなく、もちろん人権的な配慮を前提としながらも、**「日本社会が構成員に求めること」を明確に伝えていくことが大事だ、**ということですね。

最近の日本の一部で排外主義的な機運が高まっているのも、日本社会の「油の側」の絆を崩壊させたくないという切実な事情があり、それがあまりに無視され続けてきたからこそ起きているアレルギー反応のようなものなのだ、という視点は、本書をここまで読んでくださった方なら体感として理解していただけるのではないでしょうか。

この問題をさらに推し進めていくと、いわゆる「歴史認識問題」的な課題に行き着くことになります。次はその点を掘り下げていってみましょう。

■ケーススタディ4　歴史認識問題

パリ五輪の開会式セレモニーで、マリー・アントワネットの首が落ちる流血演出や、キリスト教の最後の晩餐を侮辱したような演出に世界中で賛否が巻き起こりました。
私はあのセレモニー自体は全体としてかなり好きだったんですが、ただ日本のSNSの一部で大盛り上がりしていた、
〈さすが！　フランス人は民主主義が流血と戦いで勝ち取るものだということを知っている！　日本なんて明治維新は支配者が内戦で入れ替わっただけ、敗戦後はアメリカに押しつけられた憲法をありがたく受け取っただけだから、上から与えられた民主主義しか知らず、あの流血演出に批判的だったりするのだ〉
……という実に紋切り型のフランス礼賛論には、「いったいいつの時代のアナクロな議論

をしてるんだ」という気持ちになりました。

そもそも、フランス革命の非妥協的な暴力の暴走のような側面に対して、否定的な論調の知識人は欧米にも沢山います。

そして、これからの世界における日本人の使命といったものを考える時には、この**「フランス革命でなく明治維新」型の価値観をむしろ大事にしていくことが、重要になってくるの**です。

なぜなら、「欧米由来の理想論」が「非欧米社会におけるリアルな課題」をきちんと扱うことができず、自己満足化した善悪二元論を振り回すだけに終わってしまいがちになるという、現代の分断の根本原因を超えていくために必要だからです。

「本当にそのローカル社会のリアルな課題を議論できているのか？」、それとも「欧米のインテリサロン内での流行を非欧米社会に無理やり当てはめ〝代理戦争〟をさせられているだけではないのか？」を真剣に問う時、むしろ明治維新の精神に立ち返り、〝その国にとって〟何が必要なのかを真剣に考えていくプロセスの重要性が浮かび上がるのです。

フランス革命の理想に批判的な欧米の知識人で有名な例は、例えばイギリスのエドマンド・バーク、フランスのアレクシス・ド・トクヴィル、そしてドイツのハンナ・アーレントなどが挙げられます。

それぞれ論点は微妙に違いますが、

〈その時点の人間が理解している「理性」が全てを把握できていると過信していた〉

〈それを無理やり暴力的な手段で全ての人に押しつけようとし、時に過激な暴力で大量の虐殺事件まで起こしてしまった〉

〈結果として「自由」はむしろ損なわれ、中央集権的で独裁的な政治が実現してしまった〉

〈また、無理やり変えようとして挫折した結果、「旧体制（アンシャン・レジーム）」は崩壊したように見えたものの、実質的には何も変わらず温存されてしまった側面もある〉

……といったあたりの批判だとまとめると、これはまさに現代社会にもそのまま当てはまる批判ですし、本書の精神にも通じる部分があるとわかるでしょう。

そもそも普通に考えて、王権を打ち倒したはいいが、その後は果てしない恐怖政治の内ゲバでいろんな人をギロチンにかけまくり、革命政府に批判的な農民反乱を鎮圧するための大量虐殺があり、最終的には大戦争を起こしてロシアの首都級の街が一つ丸焼けにされているわけで、

「理想は良いとしてもうちょっとなんとかならなかったんですかね」

……というのは当然、問われるべき「問い」だと思います。

そして現代ほど、そういう「問い」を発していくことが重要になってきている時代もない。なぜかというと、

〈〝そんな混乱〟を許容できたのはフランスが欧米という〝特権階級の一員〟だからで、もしこれが例えばアフリカのどこかの国で起きていたら、市場が一気にその国からカネを引き揚げて大変なことになるだろう〉

……というような視点がこれからの時代には、当然必要だからです。「あくまで非妥協的に暴力も辞さないロマンを追求する」こと自体が、「欧米の特権性ゆえに可能になっているにすぎない」のでは？　と厳しく問われるべき時代に既になっているのです。

一方で、太平洋戦争中に日本人を分析したアメリカの文化人類学者ルース・ベネディクトによる『菊と刀』には、フランス革命と日本の明治維新を比較する部分が出てきます。

日本では欧米ほど階級間の分断がなく、融通無礙に実態に合わせるようなフレキシビリティが見られたために、武士（貴族・官僚層）とブルジョアジー（新興富裕層）がフランスほど血みどろに対立することなく、一致協力できたことをポジティブな要素として指摘しています。

欧米列強が手ぐすね引いてその他の世界を支配しようとしている19世紀のあの時期に、もしも日本が「フランス革命的ロマン」で突っ走って血みどろの内戦を何年も続けたりしたら、人類社会における「非欧米」の地位が今のように〝少なくとも建前上は〟欧米と平等になることが100年ぐらい遅れてもおかしくなかったのではないでしょうか？

フランスでは血みどろの争いをした「武士＝貴族＝官僚層」と「新興富裕層」が、日本においては共通の目的に向かって協力関係を築くことができ、戊辰戦争の限定的な流血はあったにせよフランスのようなギロチン祭りもなく、外国の大都市を丸焼けにもせず、なんとか「非欧米側の代表」として歴史の中に参加できた功績は、決して貶められることがあってはならないはずです。

その見方は、日露戦争を経て太平洋戦争にまで至る、大日本帝国の歴史が持つ功罪両面を考える上でも同じことがいえます。

プロの金融マンで在野の歴史家である板谷敏彦氏による『日露戦争、資金調達の戦い』（新潮選書）という大変興味深い本があるのですが、日露戦争中にその戦費をロンドンのシティで調達するために、日本の当局者がものすごく苦労する話が、戦況の変化とともに刻一刻と変化する当時の日本国債とロシア国債の値づけチャートとともに、詳細に語られます。

この本を読んでいると、「いやいや、こんな戦争勝てるわけないじゃん」と何度も何度も思います。そうやって当時の日本人が心底の無理をして、欧米が非欧米を征服する〝明白なる天命〟に抗う戦果を初めてあげ、それがアジア諸国の対欧米独立運動指導者や、アメリカ黒人の公民権運動などにまで至るプラスの影響を与えたのは衆知のとおりです。

そして、戦費の調達のために当時の欧米金融界に必死で媚びを売りまくらざるをえなかった不幸の結果として、そこから先は逆に自分たち自身が「帝国主義的支配者」の側に回って罪を重ねることになってしまったプロセス全体について、「全て当時の日本人のせい」というのは酷すぎる話だと思います。

〈なにぃ？　お前は大日本帝国の歴史を美化する歴史修正主義者だな‼〉

いいえ、そうではありません。

しかしながら、善良で高潔な欧米人サマが、歴史上何の理由もなくある日突然正義に目覚め、「やっぱり人種の平等大事だね！」と言い出したとでも思っているのですか、ぐらいの皮肉を言うのは許されるのではないかと思います。

なぜなら、**日本という存在が果たした役割の功罪両面をフェアに理解しないと、果てしなく分断されゆくこれからの人類社会の喫緊の課題を、本当の意味で解決することは決してで**

きないからです。

ここまで長々とフランス革命からの歴史を振り返ってきた理由は、「水の世界＝その時代の普遍性を持つとされる思想を奉じる側」だけでなく、「油の世界＝それに征服される側」も、それぞれなりの意地やメンツを持っているということが、今後の人類社会では決して無視できなくなっていくということです。

本書をここまで読んでくだされば、その「油の世界」の意地やメンツの背後には、社会のリアリティについて教えてくれる重要な情報が含まれていることも理解できるはずです。それらは「水の世界」の普遍性を現実に即したものにブラッシュアップしていくためにも本当に必要なものだったはずですよね。

だからこそ、人類社会における「非欧米」の人々の存在感が大きくなり続ける時代に、それでも欧米的理想を広く共有し続けるためには、**欧米に「征服された」側の意地やメンツを否定せず、いかにストーリーテリングを行うかが、ものすごく重要**になってくるのです。

例えば古事記とか日本書紀で、「征服された側がもともと祀っていた神々が、なんかヤマト王権の親戚みたいなものにされていく」ようなプロセスが必要なんですね。

同じことは、古代のアケメネス朝ペルシャからアレクサンドロス大王の征服事業、そしてローマ帝国まで、歴史上成功した世界帝国ではどこでも「普遍性を受け入れてもらうためにこそ、ローカル社会側の〝神〟やメンツや意地に配慮する」のは当然の知恵として行われてきました。

あらゆる民族に欧米的理想を受け入れてもらう時に、「その理想に反対しているわけじゃないがこっちにも意地ってもんがある」みたいな感情をいかに取り込むか。そのような部分は、日本人も韓国人も中国人も東南アジアの人々も……あらゆる民族が持っているのです。

複数の〝声〟が並列的に響き合うように

文学理論に「ポリフォニー」という用語があって、これはもともと音楽用語から来ています。

多声音楽で「主旋律のパートと伴奏パートがあるのでなく、各パートが対等に全員それぞれのメロディを歌う積み重ねが一つの音楽になる形式」をポリフォニーと呼ぶのですが、文学理論では、ドストエフスキーの作品のように複数のキャラクターの〝声〟が並列的に響き合うように配置されている作品が「ポリフォニー的」とされます。

今後の歴史認識問題は、「ポリフォニー的」に考えていかないと、国際的に共有することが決してできなくなっていくのです。

20世紀には、「ドイツの歴史反省法」みたいなものが理想とされてきましたが、そういう「絶対悪」を設定するような方式が、今まさにパレスチナで展開されているイスラエルの巨大な暴力に対し、断固として賛成し続けるドイツ政府やドイツの知識人の傍若無人な態度に繋がっている現象について、私たちは根底的なレベルから真剣に考え直す必要がある。

そうやって**「悪」をチェックボックス方式で捉え、そのチェックが一つでもついた存在を〝自分たちとは違う存在〟として切り離してしまう**ような構造では、本当の意味で「メタ正義的」な解決策に向かうことはできません。なぜならそれは単に「自分が善であるために必要な悪」を〝外注〟しているにすぎず、私たち自身が「ひとつながりの連環の内側」にあり、その切り離せない義理の連鎖の結果として起きている目の前の問題に対して「自分自身の関与」を否定し「メタでない正義」に引きこもる態度に他ならないからです。

そもそも、「フランス革命由来の理想」に、全体として反対したいという人は現代人に多くありません。しかし、それが普及していくプロセスの中では相当に無茶な流血や抑圧が世界中に撒き散らされたわけで、立場によって感情的に反発を覚えている人は沢山いる。

その気持ちや意地やメンツの部分をポリフォニー的に吸い上げられるかどうかが、これからの時代には最重要の課題となるのです。

日本人における「気持ちや意地やメンツ」の部分は、前に述べたように、白人支配に対する非白人の反撃の代表でありつつ、それゆえに欧米列強の悪いクセをも学ばざるをえなかった大日本帝国の両義性であり、それをいかに「フェアに扱う」ことができるか？　という課題です。

もちろん、戦費調達のために国際金融に必死に媚を売り、乏しい国家予算で軍艦を揃え、江戸時代から続くサムライたちの伝統も奮い起こして白人による世界支配に一矢報いる戦果をあげながら、同時に、同胞であるアジア人を差別せず平等かつ人道的に扱い、国際秩序を守って、第二次世界大戦の原因になるようなことは一切せず、泥沼の戦争時にも軍隊が問題を引き起こさないよう品行方正に統制することができれば良かったのはいうまでもありませんがね！

茶化すような言い方をしましたが、こういう「100メートル走で世界記録を出しながらゴール地点で体操競技の金メダリストのようにピタッと止まる」ような要求が無理難題なのは明らかだとして、大日本帝国の〝負の部分〟の存在まで否定する人は普通の日本人ではほとんどいませんよね。

しかし、その「ある程度の納得感」すら、「唯一の〝正しい〟欧米由来の善悪の基準から外れる存在はノーリスクで断罪しまくって良い」というモラルハザードを放置していると一瞬で吹き飛んでしまいます。そして、「そこまで言うならこっちだって言いたいことがあるぞコラァ！」という強いエネルギーがあちこちから噴出して収集がつかなくなってしまう。「非欧米」の人々の存在感が大きくなり続けるこれからの人類社会では、そこに「あたらしい双方向性」のあるコミュニケーションが必然的に必要になってくるのです。

そしてこの欧米と非欧米の間の「あたらしい双方向性」は、単に国際社会の勢力争い的な話ではなく、「知的な抽象概念」と「リアルなモノ自体」との間の関係性をどう考えるかという、人類の「知」における大きなパラダイム転換をもたらすのです。

理論と現実のフィードバックを受け取り合う

この「あたらしい双方向性」という課題について、もう少し思想的な側面から深掘りしてみましょう。

歴史的な例を挙げると、共産主義がまだ一応現実的な可能性を信じられていた100年ほど前、経済学の世界では「経済計算論争」という牧歌的な論争が行われていました。

単純にいえば、「ものすごく賢い当局者がものすごい計算能力を持って計画すれば、国全体の資源配分といった難しい問題だって全てこなせる」という牧歌的な意見に対して、「いやいや、市場に参加する無数の多様な人間の〝衆知〟を利用しないと、一握りのインテリの机上論だけでは効率的な資源分配などできないよ」とフリードリヒ・ハイエクなどが主張した論争です。

難しい本を沢山読んでいるインテリは、自分みたいな賢い人間が権力を握って思い通りに動かせば問題はすぐにでも解決できると思い上がってしまいがちです。

しかし、世の中にはありとあらゆる無数の経済参加者がいて、毎日色々頑張って考えているわけですよね。そのような人々の衆知をバカにして、「賢い俺様のほうがエライ」と言い出すと、現実性から果てしなく遠ざかっていくことになります。

20世紀においては、その「インテリが頭の中で考えた理想」が「無数のリアルな人々の衆知」を否定して暴走するのを許したために、欧米から遠い「辺境の地」において、例えばウクライナや中国で数百万～数千万人が餓死するような不幸な事例を起こしてしまいました。

その間、欧米の（または自分は欧米人の一員だと思っている非欧米の）インテリは、欧米諸国内では実現できない強引で原理主義的な理想を、辺境の地の独裁者が無理やり形にしていくのが大変痛快に感じられ、「いいぞいいぞ！　スカッとするなあ！」と全力の拍手喝采を送っていました。**現地の民衆が酷い目にあうのを見て見ぬふりをしながら**……です。

一方で、「経済計算論争」のような牧歌的な時代から100年ほど経って、最近のＡＩの発達とそれを支える数学のメカニズムのエレガントさには驚かされます。

「ＡＩがどういう原理で動いているのか」については、YouTubeに世界中の色んな人が大変わかりやすい解説動画を上げてくれています。3Blue1Brownというチャンネルの「深層学習の仕組み」というシリーズが、ユーモアがあって私は好きでした。日本人の有志の人が3Blue1BrownJapanという日本語版を作ってくれています。

特に、「ＡＩを訓練する」ために使われる「勾配降下法」というテクニックについて扱われた以下の動画は大変示唆深かったです。（いわゆる〝文系〟の人でも大学受験の時に数学を頑張っていれば十分理解できます）「深層学習の仕組み 勾配降下 Chapter2　深層学習（ディープラーニング）」https://youtu.be/0AX3KSKjyog?si=7kZOH409MABnoEiF

欧米のＳＮＳのネットミーム（定番ネタ）に、本来の科学者は理論と現実がぶつかると「なるほど！　この理論はどこか間違っているらしい」と考えるが、最近の「文系の学者」は「この現実は間違っている！」と激怒してくる……という〝あるあるネタ〟があります。

それと対比しながらＡＩのメカニズムを考えると、理論と現実がズレている時に、「どこがどうズレているのか、理論のどこをどう変更するとズレが縮小するのか」という課題について、天文学的な回数の計算をして突き止めていくプロセスが動いているのだといえます。

つまり**「理論の枠組み」は否定しないし「現実」も否定しない**。

ただただ理論と現実のズレに対して、「この数字をちょっと上げた時とちょっと下げた時、どっちがズレが小さくなるかな？」という実験を延々と行って、現実の複雑な凸凹した部分のリアリティが、丁寧に「理論」の方に写し取られていくように演算していくわけです。

本書の第1章で、「メタ正義とはフィジカルなレベルで実現するべきもの」という話をした時に、包丁の使い方の話をしました。

包丁を使う時、ただ何も考えずに「刃を押しつける」ようにしてもうまく切れません。今、やわらかいものを切っているのかな？　硬い部分を切っているかな？　ちゃんと刃が適切な角度で対象に当たっているかな？　そして「刃を走らせる」ように動かせているかな？　現実からのフィードバックを無数に詳細に受け取りながら、「相手の本質を否定せず、それと協力しあう形で自分の側のエゴを通していく」ことによって、エレガントな包丁の使い方ができるようになる。

理想の包丁の使い方も、ＡＩを作り上げるために使われている数学も、「メタ正義的」な発想を持っているのだといえるでしょう。

そしてここには、20世紀初頭の人類が考えていた牧歌的で単純すぎる事物の捉え方から、21世紀に発達した「知」と「現実」との間の全く新しいエレガントな関係性の取り扱い方への転換という、「人類の知性が１００年かけて獲得した叡智の反映」があるのです。

そこには、理論と現実を何度も往復しながら地道に細部を煮詰めていく、**「フィードバックを受け取り合って変わっていく本当の双方向性」**が存在しているのです。

欧米由来の議論を自分たちの社会の議論へ転換する

では次に、この「人類が身につけた新しい知性のパラダイム」が、歴史認識や社会問題を扱う上でどういう変化をもたらすかを考えてみましょう。

『ナワリヌイ』というアカデミー賞を受賞したドキュメンタリー映画をご存知でしょうか？ロシアのプーチン大統領に抵抗する政治活動を行っていたアレクセイ・ナワリヌイ氏についてのドキュメンタリーなのですが、「実はヤラセでは？」と思ってしまうほどのドラマチックな展開がリアルに進行し、サスペンスものとして秀逸なので未見の方はぜひご覧になってみてください。

ナワリヌイ氏が2024年2月に獄中で死亡したこともあって、この映画を見ていると「正義と硬骨の人ナワリヌイを殺してしまうロシアという体制やプーチン大統領はなんて邪悪なんだ！」という気持ちになります。しかしそうやって「プーチンを許すな！」とひとしきり感情を爆発させた直後にふと考えてみると、私たちはナワリヌイ氏がどういう知見を持った人で、どういう経済政策を提唱していて、どういう社会課題に取り組んでいる人なのか、ほとんど全く知らないことに自分で驚いてしまいます。

結局、**私たちは常に欧米中心目線で辺境地域（自分の母国も含む）を見ており、辺境になればなるほど雑な善悪二元論を振りかざす**ようになり、その結果として、「ナワリヌイ？おお、反プーチンなのか！　じゃあ善人に違いないな！　頑張れ！」みたいな感情が世界中を席巻することになります。

このように「欧米から見た辺境」におけるローカルな課題が雑な善悪二元論の嵐に巻き込まれ、実地のディテールに基づいて丁寧に議論することができなくなる現象を、私は「ナワリヌイ・バイアス（偏見）」と呼んでいます。

日本という非欧米の民主主義国で暮らしている読者なら、「反権力」というだけが唯一の取り柄で、社会のローカルな課題に対して何の知見も実績もない人が、欧米目線の論者（欧米人だったりその国のインテリだったり）によってむやみにもてはやされる現象に対して苛立ちを覚えたことがあるはずです。

そうやって、社会のローカルな課題への議論を、欧米のインテリの流行としての善悪二元論で押し潰すことを続けてきたから、そもそもの「欧米的理想」が人類の半分から拒否されかねない時代になってしまったわけですよね。決して、ウクライナ侵攻などのプーチンの暴虐を肯定しろという話ではありません。ロシアの人々に「欧米由来の国際秩序」を受け入れてもらうためにこそ、「彼らから見た歴史」のメンツをポリフォニー的に吸い上げる態度が絶対に必要なのです。なぜなら欧米から見た〝辺境〟で暮らす人々は、欧米のインテリのサロン内での論争の「ネタ」として善悪二元論的に存在しているわけではないからです。

これはただの恨み言で言っているのではなくて、実際20世紀には、欧米のインテリ内の論争の〝代理戦争〟をさせられることで、欧米から見た〝辺境〟で血みどろの虐殺や戦争が行われたり大量に餓死者が出たりした、「血で贖《あがな》われた」課題意識なのです。

そう考えると、**欧米由来の抽象度が高すぎる議論をローカル社会側が強い意志を持って補**

正し、その社会にとって最適な議論に置き換える機能がこの21世紀にはいかに重要かがわかるでしょう。

今後、1日・1ヵ月・1年・数年……と時間が経つにつれ、**この欧米と非欧米の一歩進んだ双方向性が必須不可欠になっていきます。「フランス革命でなく明治維新の精神が必要だ」というのはそういうこと**なのです。

我々は**一般論で全否定しあう空虚な論争をぶつけ合い続けるのではなく、「他ならぬ自分たちの社会の個別の課題」について、真剣に取材し、徹底的に具体的な細部についてどうすればいいのかを考える議論にこそ、もっともっとエネルギーを注ぎ込まなくてはなりません。**

戦争の抑止に必要な日本の「反省」とは？

そのような視点をもって、「日本における歴史認識問題」を考えてみましょう。

この話を突き詰めると、戦前の「煽りまくったメディア、突き上げまくった国民」には全く罪がなくて、「私たち善人とは一切関係がない絶対悪＝軍」が真空空間から突然やってきて悲劇を起こした、という考え方自体が欺瞞を含んでおり、それが、日本におけるリベラル勢力が現実と嚙み合った提案をする能力を著しく欠いてきた理由の一つだといえます。

当時の状況と今の状況を比べてみても、以下のようなことは「戦争になっちゃうからやめろ！」とする学びを得ていないとおかしいはずです。

〈現行の英米秩序がムカつくからと、それに挑戦する新興のコワモテ二番手と結ぶべきだと言い始め（昔はドイツ、今は中国）、微妙な国際パワーバランスで成り立っている平和を一気に崩しにかかる〉

〈国際的事情をくんでの妥協に対して「弱腰だ！」と激怒して徹底的に政府を突き上げる（昔は軍縮条約とかその他、今は基地問題とかその他）〉

もちろん、英米秩序の不正を批判すること自体は大事だし、アンフェアな基地負担だって改正を求めていくことは必要でしょう。一般の中国人まで一緒くたに「敵」扱いするような風潮には明確に抗っていくことも必要です。

しかし、自民党とは関係なく存在する国際的覇権争いの結果として生じる戦争の危機に自分ごととして向き合う気がなく、「権力者が戦争したいから戦争をする。庶民は何も悪いことをしていない」というファンタジーに引きこもっていたら、戦争を回避するための具体的な蓄積を吹き飛ばしてしまうことになる。

人類の歴史の中で、覇権国家に対して〝次のチャレンジャー〟が拮抗するぐらいのパワーを持つようになった時、戦争になる……というのはほぼ避けられないルールみたいなものなので、中国のGDP総額が近いうちにアメリカを超えるかも？　という状況になったら情勢が緊迫するのは当然の現象としてあった。

それに対して何らかの対策は当然必要な中で、自民党政権に対して「そんなに戦争がしたいのか！　憲法ま・も・れ！」とか言うのは、自民党がどれだけの国際的パワーを持っていると思ってるんですか？　という話ですよね。

日本における戦争の反省が「軍という巨悪が突然やってきて」型の欺瞞に満ちた総括しかしてこなかったために、米中冷戦時代のリアルな平和維持のための地道な努力に対して左派勢力はあまりに現実離れしたことしかいえず、結果として自民党側が権力を握り続ける緊張感のない状態が腐敗を生む――という不健全な状態が続いてきました。

しかし、メルケル時代のドイツの遺産はロシアによる戦争を防ぐことはできなかったが、安倍政権が提唱した「自由で開かれたインド太平洋」戦略は国際秩序の基礎部分として明確に位置づけられ、対中戦争はいちおう、まだ起きていない。そういう「とりあえずの軍事的均衡を保つ」ための責任を果たし続けさえすれば、昨今はアメリカ自身が「世界の警察官」役を降りたがっており、さらに中国と対抗はしたいが自力だけでは難しくなっていく中、日本の立場を妥協せずねじ込んでいける情勢が生まれます。

その先では、安倍政権の「現実的妥協」が許せなかった「右と左の反米主義者」さんたちの望みも現実的な着地点を見つけられるようになっていくでしょう。

非欧米諸国のメンツが立つ「ポリフォニー性」を歴史に組み込めるか

狭義の歴史認識問題に話を戻すと、問題の「ポリフォニー化」が実現するまでは、例えば靖国神社問題のようなものは当然紛糾するし、逆に今は紛糾していてこそ、将来の相互理解の道も開けてくるのだといえます。例えば靖国神社がどうあるべきか？　を本質論的に考えると、靖国神社自体は、行ってみると拍子抜けするぐらい清明な感じの神社で、政治的な部分はほとんど感じられないですよね。

一方で、併設してある「遊就館」の方は、かなり右翼的な人でも「さすがにこれは」と思っている人が多いと思います。

あそこにどういう展示があるべきか、私は色んなところで何回か言っていますが、
A　欧米vs.非欧米の巨大な歴史の流れの中で戦前日本が果たした役割
B　それに殉じて戦った人たちのリアルな物語

C　そのムーブメントが結果的に引き起こしてしまった不幸に対する反省（国内外問わず）

……が1対1対1で並ぶぐらいになればいいのだと思います。

今はAを全く言えない結果として「自衛戦争だったんだ！」という苦しい言い訳だけをすることになり、Bをものすごくものすごく強調しまくる一方でCが一切ない……という非常にアンバランスな展示になっている。

Cの、特に他国における日本軍による戦争被害を日本人はもっと知るべきだ……という意見の人がいることはわかりますし、そのこと自体は当然必要でしょう。

しかし、ここまで書いたような「欧米vs.非欧米」の間で日本が果たしてきた役割のようなものをフェアに俎上にのせることができなければ、一握りの紳士的なインテリ（私自身も当然その一員ですが！）以外の人に、共感して受け入れてもらうことは決してできません。無理強いすれば、より強力な歴史修正主義の反撃を生み出すだけに終わるでしょう。

一方で、当時の日本人の「一番否定されたくない部分」をきちんとのせ、例えばアメコミによくあるような、「悪魔と戦うために悪魔の力を得た主人公が徐々に悪落ちして悲劇を巻き起こしてしまった」ストーリーを含む世界観を提示できれば、日本人の意地としてのメンツも立つし、歴史学的にもまああフェアだし、韓国人・中国人・東南アジアの人々……から見ても、今すぐは無理でしょうが、あと10年もすれば「納得感」を持ってもらえる着地点が見えてくると私は確信しています。

なぜなら、同じように韓国人も中国人も東南アジアの人々も「否定されたくないと思っている歴史的な歪み」を持っているはずだからです。

その先で、「それぞれの民族がそれぞれなりに抱えてきた悲哀」に対し、それぞれのメンツが立つポリフォニー性を組み込むことができるか？　それが、これから人類の分断を癒すために必要となる「メタ正義的双方向性」を破壊しないために必須なのです。

そのポリフォニー性を拒否して一方的な断罪をするメッセージを出しても、結局、あちこちから噴出する巨大な歴史修正主義との永久戦争になってしまいます。そしてそれは、歴史の半分の立場しか捉えきれていないにもかかわらず一方的な断罪をするという「自らの罪」が招き寄せている〝当然の結果〟でもあるのです。

なぜなら「欧米的視座の絶対性に隠された帝国主義の側面」を考慮することなしには、これからの時代、中国人やロシア人やグローバルサウスの人たちと、メタ正義的に共通の土台となる世界観を持つことはできないからです。

逆に、第三次世界大戦への運命を回避する切実な事情から紡ぎ出された「ポリフォニー型の歴史認識の決着」が安定化してくれれば、「水の世界」の住人が「油の世界」の住人を一方的に断罪しまくって、結果として強烈なバックラッシュを生み出し続ける……というような現代人類社会の分断の元凶をも、超えていくパワーを生み出していくでしょう。そしてそれは、外国人との共生問題といった課題でアレルギー反応的に噴出する排外主義に対しても、一定の抑止力となっていくはずです。

まだまだ山積みの課題がある

再開発問題、電力問題、外国人との共生、そして歴史認識問題と、日本に山積する問題を色々な角度から「メタ正義的」に解決する方向性を提案してきました。

これらに限らず、今の日本にはいくらでも課題があります。繰り返しになりますが、**その課題が百万個あるとしたら、その一つひとつに、実際に深く関わって両者の言い分を聞き、解決策の方向性を見いだす「メタ正義の種」を百万個作っていく必要がある**のです。

ざっくり言えば、だいたいの分野において、

〈現実的に全く不可能だが理想論としては魅力がある〉

〈現実的にまあまあよく練られているが理想論的に見て視座が低い〉

……というような対立が放置されており、これからは、いかに「理想論の良さを現実論に乗せるか」を考えていくことが大事です。

しかし本当に難しいなと思うのは、世間で成功例とされているものが、実際はそうでもない……というケースが結構あることです。

私は『サステナ・フォレスト　森の国の守り人《もりびと》たち』というドキュメンタリーを見て、日本の林業が今色々な取り組みによって再生されている途中なのだという希望を感じて大変ワクワクしたことがあります。しかし、その中に出てきた成功例とされている事例をいくつか実際に調べてみると、お世辞にもちゃんと成り立っているとはいえない状態で、かなり暗澹とした気持ちになりました。

この「ドキュメンタリーで見た時にはうまくいってそうだったのに難しいね」というのは本当に説明が難しく複雑なのですが、「メタ正義的に考えなくては」と思って取り組みはじめるとぶちあたる〝よくある感じ〟でもあります。

確かに、林業関係者の地道な取り組みによって、2002年に2割程度だった木材自給率が今は4割程度まで回復し、輸出をしている例まで出てきてはいるのです。しかし細部を見ていくと、色々と問題が山積みなのがわかってくる。

例えばドキュメンタリーの中で成功例とされている篤農家の林業からの月収が（自分の山を持っているという非常に恵まれた例であるにもかかわらず）十数万円しかなかったり、うまくいっているように見えた大規模林業家が実は相当に補助金ありきで、その補助金制度の歪みから、高級品になりえる材木も一緒くたにバンバン皆伐してしまって低い等級で安く売り払ってしまっているどころか（〝あまりにも安いから〟海外から買われるという状況にもなっているらしい）、時にはその高級木材になりえる木を潰してバイオマス発電用の木質チップにしてしまっている例もある、などなど。

そういうボタンの掛け違いがあらゆるところにあって、一足飛びに理想に飛びつこうとすると現実が全然成り立たなくなるし、一方で今のままの歪んだ仕組みをいつまでも続けられないし……という課題が山積みになっている。生半可な希望を打ち砕くような難しい課題がこれからの日本には本当に、百万個ぐらいあちこちにあるのです。

圧倒的な少子高齢化だけでなく、1件につき数千万～1億円かかる高度医療の普及が追い打ちをかける医療分野も、人が減り続ける地方をいかに存続させるのかという課題も、団塊の世代の引退で担い手が急激に減る農業をどう維持するかという問題も、直近では物流2

024問題も、どれもこれも一筋縄ではいきません。

ここで重要なのは、**「誰かの利権」を叩いているだけだと「別の利権」に付け替えるだけになってしまうし、利権自体はそもそもゼロにする必要もないしそんなことは不可能**だ、という視点です。

電力問題について先ほど述べたように、東電が持つ利権もあれば再エネ業者が持つ利権も当然ある。片側だけを叩いて片側だけを純粋な正義として扱っていると、結局「私」と「私」の綱引きでしかなくなり、「公」は吹き飛んでしまいます。

医療システムの今後を考えても、医師会の利権もあれば製薬会社の利権もある。それらの利権は、ゼロにしなくてはいけないものではなく、しかし、「どうすれば今後も日本の安価な医療を広く維持できるのか」という「公」に向けて再調整していく、難しい課題がそこにはある。

例えば私立大学の医学部入試の男女差別問題が話題になった時に、ただそれを「差別意識のせい」と糾弾するだけで終わるのか、それとも、日本における医療システムが欧米諸国にもありえないレベルの「安さとアクセスの容易さと質の高さ」を全て実現しようとどれほどの無理を重ねているかを理解し、その根本原因の解決を共に目指すことができるのか。

現状では「あまりに激務すぎる」診療科目に女性医師が行きたがらない現実があり、その問題こそがこの入試差別の〝元凶〟であることは医療関係者なら誰しもわかっているのに、そこに踏み込まず「差別という悪」を糾弾するだけで本当に良いのか？

「悪の○○を打ち倒せば良い」という単純化された世界観で解決できる問題ではないし、そういう態度であり続けることで「現実にそこにある課題」は結局ほったらかしのままになり、そこで生じるただ一方的な糾弾だけを行う勢力に対する一般の人々の強い「恨み」は、将来大きなバックラッシュを生み出す結果にもなるでしょう。

一つひとつの課題の本当の難しさに向き合い、丁寧に「メタ正義的」解決の種を育てていかないと、結局「正義の私たちと、私利私欲のために暴虐を尽くす敵」という20世紀型ファンタジーに逃げ込み、「あいつらを打倒しさえすれば！」という妄想の中で延々とバトルをするだけで、現実的な課題はそのまま放置され続けることになってしまうのです。

……とはいえ、ここでいきなりテキトーで無責任なことを言うようですが、「今まで不毛な議論ばかりしてきたからこそ、これからの解決が可能になる」可能性もあります。

私のクライアントで、海外で会社を経営していて経済的には全く困っていない人が、残りの人生をかけた趣味のようなものとして縁もゆかりもない紀伊半島の僻地に移住して町おこ

しに関わっています。（海外の会社はリモートで経営し続けています）

リモートワークが普及したことにより、地方生まれでずっと地方で暮らしてきた人たちだけで考えていても出てこなかった解決策を模索できる時代になっている。過去20年、拙速に「目先の問題解決」に奔走しなかったがために、地域の「油の紐帯」を破壊してしまわずにすんだ。その価値がこれから役立つ可能性は高いのです。

「今まで」はとりあえず昭和の惰性で食い繋いでおいて、その過去の惰性の足場が焼け落ちる寸前で「次の希望」に飛び移る……というチャレンジをするために、過去20年、ただグダグダと何の生産性もない議論を続けることでお茶を濁してきたのだ、というような見方もできるでしょう。

本書で何度も述べてきたように、過去20年の日本は「全く議論のできない」国でしたが、その結果として、拙速な結論に飛びつかずに済んだ側面は明らかにあります。世界に吹き荒れていた「グローバルで共通のシステム以外は全て容赦なく排除する流れ」に対するレジスタンス（抵抗運動）としての「全く議論のできない愚鈍さ」は、実は〝深謀遠慮の知恵〟であったのだ！という視点も、「これから」を描いていく上では大事でしょう。

なんとか一歩ずつでも、「論破という病」を「メタ正義的な具体的な解決の模索」に置き換えていきましょう。

「アメリカ社会の悪い癖」を見習ってはいけない

本章のケーススタディの中で、歴史認識問題を大きく取り上げ、「欧米諸国が非欧米諸国に生煮えの理想像を押しつけ、ひどい混乱に陥るのを見て喝采してきた現象」について詳細な分析をしたのは、そこに、本質的に重要な側面をあぶり出す大問題があるからなのです。

課題解決の方法の中に眠った欧米文明中心主義を、その土地その土地のローカルへの粘りつく目線によって克服していけるかどうか。それが、日本だけでなく、分断されゆくこれからの人類社会全体にとって大事なのだ、という強い問題意識が私にはあります。

「油の世界の自律性＝非欧米社会のローカルの事情」とちゃんと向き合って、細部の具体的な工夫を丁寧に積み重ねることをしないと、結局「遅れているアイツらを排除してカイカクしてやる！」という空回りの熱意だけが暴走することになってしまいます。

アメリカなどはそれが非常に顕著なのですが、そうすると、「誰がニガーという単語を使っていいか」とか「ＬＧＢＴＱの後に略字が増え続ける」みたいな問題がものすごくものすごく厳密化されていき、その文化的マナーをちょっとでも間違えると〝マトモな人間じゃない〟扱いをされるようになっていきます。……が、一方で！

公立小学校の予算がその地域ごとの財産税の徴収額によって違いすぎるために、貧困層が多く住む地域（住民の多くは黒人だったり新規移民層だったり）では、そもそもマトモな教育を受けられない——という、**普通に考えたら最も重要な問題が、あきれるほどほったらかしにされ続ける**ことになってしまいます。

そういう地道な制度問題を丁寧に変えていくことはせず、「敵」をできるだけ悪辣に描いたプロパガンダを投げかけ合い、あげくの果てにその「世界を二分する正義と悪のたたかい」に参加しない人間に対して「おまえは社会に対して問題意識がないのか？」などと詰めよるというのは、もう世界観全体が「論破という病」に侵されているといえるでしょう。

川口市の話をした時に、「現場の良心さん」についてお話ししました。

思想の空中戦に懐疑的でも、実際に現場にへばりついて毎日を暮らし、そして**一歩でも良い方向に動かそうとしている人こそが「エライのだ！」という価値観**を我々は取り戻さなくてはいけません。**両者の言い分を聞き、現場レベルの詳細な事情を汲み取り、しだいに束ねて「メタ正義的」解決の種に育てていくような人々こそが、これからの時代の本当の〝正義〟の存在**なのだということです。

図⑥　社会問題・経営課題の二つの段階

	滑走路段階	飛行段階
	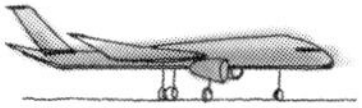	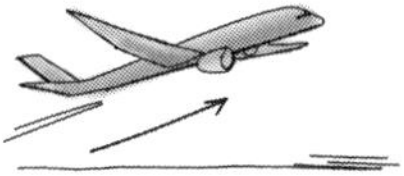
必要な論理	敵側を**全否定**する論理	敵側を**包摂**する論理
達成すべきこと	問題があることの**周知**	既に周知された問題の**解決**
段階を取り違えた時に起きる混乱	滑走路段階なのに飛行段階のように扱うと…… 「相手にも事情が……」と言っているうちに黙殺されて大事なものが壊される	飛行段階なのに滑走路段階のように扱うと…… 関係者が陥る「単純化した敵側全否定のナルシシズム」が多くの普通の人を問題から遠ざけてしまい、解決が遠のくどころかむしろ悪化してしまう

人・地域・問題の種類などによって、どちらの段階にあるかは常に違うことに注意し、適切なタイミングで適切な扱い方をしていく必要がある

図⑥は、私の著書やウェブ記事などでいつも使っている図で、「問題が周知されるまで」と「周知されてから解決に至るまで」は全く違った態度が必要だ……ということを示したものです。

社会の中にある「問題」が見過ごされていれば、まずは「巨悪vs.私たち」論法で課題をシェアしていくことはいい。そういう論調が必要な時期もある。

しかし、そのまま自分たちの側の正義だけに引きこもっていては、ある「私」の利権を別の「私」の利権で置き換えるだけになってしまい、結局、現状なんとか全体として崩壊せずに回っていた調和という「公」が吹き飛んでしまうだけで終わる。だからこそ、問題が周知されはじめたら、それ以後は今までと全く違ったモードで「敵」と向き合い、協力しあって本当の課題解決に向かわなくてはいけません。

「理想」と「現実」のズレをへらしてゆく〝ほんとうのたたかい〟に向かって

これこそが、この「滑走路段階」と「飛行段階」の図の意味であり、本書で重ねて言ってきた、「政敵でなく問題自体と向き合えよ」という話なのです。

では最後にこの図について、思想家として歴史レベルで考えてみましょう。

フランス革命が始まった時は、その普遍的な理想を人類社会で共有するためだったのだから、罪もない人を次々とギロチンにかけたことも、反対する農民を大量虐殺したことも、大戦争を起こしてロシアの首都級の街を一つ丸焼けにしてしまったことも、まあ仕方なかったことにしましょう！

今さらそんなことを非難しても仕方ないし、とはいえ現代に生きている人なら何かしら、そういうフランス革命由来の理想から恩恵を受けている面のある人がほとんどでしょうからね！

しかし、その普遍的な理想が人類社会全体に行き渡り、今度はそれを人類の2割もいない特権階級である欧米諸国の〝外側〟でも、地に足のついた形で実装していくことが大事だよね――という時代になっても、いまだに、

〈完全に純粋な正義を代表する自分たち〉

〈全ての悪の元凶であるアンシャン・レジーム（旧体制）〉

……に分断する発想にしがみついていていいのでしょうか？

「あの旧体制を打倒しさえすればユートピアがやってくるのだ」という発想以外を認めず、それに少しでも疑義を挟もうものなら、「これだから民主主義の崇高な理想を理解しない劣

等民族は困るよねえ」と言うことに、正当性があるでしょうか？

先ほどの図でいえば既に滑走路から飛び立ち「飛行段階」に達している人類は、そろそろ、〝ほんとうの双方向性〟に目覚めないといけません。

第三次世界大戦を起こさないためにも、そして気候変動問題のような大きなチャレンジに実効性を持って立ち向かうためにも、20世紀型の「論破という病」に侵された空疎なお題目を唱え続けるのはもうやめにしないといけない。

包丁を適切に使うには「感触のフィードバック情報」を受け取りながら「包丁の本質が発露するように刃を走らせる」ことが必要であるように、ＡＩの数学がモクモクと天文学的な回数の演算をこなし「勾配降下法」による最適化問題を解いていくように、「現実の細部」と「理想」の間の微調整を無数に無数に繰り返し続ける〝ほんとうのたたかい〟がこれからの時代にはあらゆる人の眼の前に展開していくのです。

諸君！

「理想」と「現実」の間に存在するズレに対し、徹底的な衆知を集め、少しでも減らしていこうとする〝ほんとうのたたかい〟にこそ、我々は高潔な正義を求める強い意志を持って、参加していくべき時ではないだろうか！

この〝ほんとうのたたかい〟では、フランス革命のバリケードの中で理想を信じて戦い命を落とした学生の思いも、そして丸焼けになったモスクワを前に呆然としているロシアの一般人の思いも、〝両方ともに〟昇華する道が開かれるのです。

「戦う者の歌が聞こえるか」とか「嵐の日まであと一日」のような熱狂は、現代とかけ離れた250年も前のおとぎ話に対してでなく、私たちの目の前にあるリアルで具体的な不幸の是正のために、真摯にゼロから考えて練り上げられたビジョンにこそ、投入されるべきものではないでしょうか？

終章　あなたにも創れるメタ正義の種

本書はここまで、色々な具体的な例をひもときながら「メタ正義的」解決という発想について事細かに検討してきました。

その大枠をまとめてみると、以下の3点になるかと思います。

まず、

1「論破という病」を乗り越えるためには、抽象的な論争のための論争ではなく、現場の細部に入り込んで対立する両者の意見を良く聞き、その上で**「対立する〝私〟」を超える「あたらしい〝公〟」を生み出す解決策の方向性を考えていく「メタ正義的」解決が必要**

次に大事な点が、

2　日本社会に大きなものから小さなものまで「百万個」の課題があるとすれば、その一つひとつについて、現場を取材した上での「百万個」の解決策の模索（メタ正義的解決の〝種〟）と、それに真剣に取り組む「百万人」のメタ正義的解決のコーディネイターが必要

最後に、

3　非欧米の辺境にある日本においては、欧米由来の理想論を持ってくるだけだと、現実を単純化した善悪二元論で斬って終わりになってしまう。「社会の〝油側〟の事情＝非欧米の辺境にあるリアルな課題」を迎えに行き、それを欧米型の理想とwin-winの関係に持っていく取り組みが日本の使命

……というメッセージも重要なところです。第6章では歴史認識問題を取り上げて思想面から深掘りする必要があった「ナワリヌイ・バイアス」という問題ですね。

具体的な課題に逃げずに立ち向かおう

日本の政治を振り返ると、２００９年〜２０１２年の民主党政権時代に、「理想」と「現実」の狭間で、日本人の議論が混乱し続ける禍根を残してしまったところがあります。

決して、当時の民主党や民主党に思い入れを持っていた人々の掲げた理想自体が悪かったわけではありません。しかしあまりにも生煮えすぎたというか、「理想」と「現実」を繋ぐためには、ただ政治闘争で「敵」を倒せばいいわけではないのだ、ということを軽視しすぎていたといえるでしょう。

繰り返しますが、**悪のあいつらを打ち倒せば全てがうまくいく、などということはありえず、「具体的な課題百万個」に対して「具体的な対策の練り上げが百万個」必要**なのです。

「脱中央官僚」を掲げるのはいいが、政治家だけで政策を練り上げられる体制をどう作るかを考えていなかった。「政治とカネ問題」を追及するのはいいが、自陣営の政治家の資金問題も噴出し、そもそもカネをかけずに政治をやるために何が必要なのかを深く考えていたわけではなかった。「地方分権」を目指すのはいいが、地方それぞれの課題を解決できる人材をどう集め、それぞれの地域をどう自立させるかを考えていなかったので、結局東京のコンサルが中央の予算を取ってきてただ執行するだけになってしまった。「脱原発」を目指すのはいいが、安定性と安価さを実現できる新しい電力システムの全体像を構想することなく、〝原発ムラ〟という敵を排除しさえすれば全てが良くなるという程度のふんわりした夢しか持っていなかった。「アメリカ中心の世界秩序のアンフェアさ」に挑戦するのはいいが、そんな国際秩序の激変を伴うようなアクションを起こしつつ、その先の安定した平和をもたらす新しい国際的協力体制をどう作るのかについては何も考えていなかった……。

そこで「次はこんなことがないように、具体的な課題の詰めを真剣にやっていこう！」となれたら良かったのですが、ただただ陰謀論めいた自民党たたきしかしない「代案のない野党」状態が長く続くことになってしまいましたよね。

例えば自民党のカネの問題を追及する時に、野党側にも同じような問題が現れる原因となっている「選挙にカネがかかる仕組み自体をいかに変えるか」を、敵vs.味方の視点を超えて議論するような姿勢が、マスコミにも国民にもあれば良かったのですが……。（ただし最近はそういう姿勢のマスコミ報道もたまに見かけるようになりました）

そういう議論はほとんどなく、ただ「けしからん！　追及しろ！」という怒りと、「そうはいっても現状の仕組みじゃあこうなるの仕方ないじゃん」という居直りのぶつかりあいが、不健全な思考停止状態を生み出し、結果として自民党側の政治家が緊張感を失って余計に杜撰なことをする例も増えて、さらに日本人の政治への信頼と関心を薪をくべるように延々と燃やし尽くしてきてしまいました。

これは当時の民主党政権だけが悪いのではなくて、日本人全員が見通しが甘かったというか、「今の日本は気に食わない。もっと〝ここではないどこか〟があるはずだ」というだけで、具体的な課題について向き合うことができていなかったのは、私も含む国民全員の責任だといえるでしょう。

当時はまだ、「欧米という輝ける理想像」の説得性が今より断然ありましたから、「日本社会の実情」なんかを深掘りしなくても、その理想像を直輸入的に持ってきさえすれば全部うまくいくはずなのだ、という幻想に浸っていられたことも問題を難しくしてしまいましたね。

しかし、ここまで見てきたように、人類社会における「非欧米」の国々の存在感が日増しに大きくなる時代になり、欧米由来の理想の通用性が落ち込んでくることでむしろ、日本社会においては「メタ正義的で具体的な解決策の模索こそが重要なのだ」という機運自体は高まってきています。

ロシア・ウクライナ戦争などが始まって、軍事的均衡を保つことの現実的重要性が高まり、日本における空疎な安全保障議論の問題が白日のもとにさらされる結果になったことも大きい。

欧米から見た〝辺境〟における具体的な課題に逃げずに立ち向かい、それでも欧米的な理想が吹き飛んでしまわないような、地に足のついた「メタ正義的解決」を大量に積んでいくことができれば、人類が果てしなく分断化されていきこのままでは第三次世界大戦も不可避なのではという現代において、「東西文明を繋ぐ新しいビジョン」を提示するという日本の使命が立ち上がってくるでしょう。

ここ10年ほどの日本の議論はどう考えてもおかしい状況で、それ以前は知的で堂々とした骨太の言論をしている人として尊敬していた人物が、奥行きも現実的細部への目配りも全くない陰謀論めいた紋切り型の自民党たたきみたいな言論の大合唱に吸い込まれていっていることには怒りを通り越して悲しい気持ちになっていました。

新しい時代のメタ正義的に具体的な課題解決の議論が高まってくることで、そういう人たちも、本来の奥行きのある知性を取り戻してくれることを願っています。

最近は自民党の支持率も落ちてきて、ついに自民党が何もかも決められる安定多数を取れない新しい時代が到来しました。それはメタ正義的に具体的な解決策を共有できる機運が、草の根レベルでやっと育ってきつつあることを暗示しているのかもしれません。

いざ次の政権交代が起きた時に結局また掛け声倒れに終わらないよう、「百万個の課題」に「百万個の具体的な解決策」が万端に準備されている状況を目指していきましょう。

あなたにも創れる「メタ正義の種」

「あいつが悪い！」という政治闘争でなく、具体的な課題百万個に対して、両者の言い分を聞いて具体的な課題を導き出すメタ正義の種が百万個必要なのだ、という話はわかった。

あとはエライ人たち頑張ってね！

……で終わってほしくないので、本書を面白いと思ってここまで読んでくださったあなたは、まさにこの「メタ正義の種」を創れるだけの能力がある人なのだ、ということを本書の最後にぜひ主張したいと思っています。

あなたにもできます！　ぜひ取り組んでみてください。

あなたも「メタ正義的解決のコーディネイター」になれるし、「メタ正義的解決の種」を創り出すことはできます。

もちろん、こういう課題について最も近いところにいる職業というのもあります。

ジャーナリストだったりメディア関係者だったり、フリーライターだったり、あるいは学者だったり政治家だったり、自分でテーマを決めて物事を深掘りし、解決策を模索し働きかけていくこと自体が「しごと」なのだ、という人も多くいるでしょう。

そういう人がこれからの「メタ正義的解決」をリードする存在になることはもちろんなのですが、しかし、そういう人の目線だけでフォローしきれるほど、今の日本に山積みになっている課題は甘くありません。

むしろ、そうやって第三者的に課題をまとめ上げる人のために、自分がいる世界の課題を整理する「現場の人」もまた必要なのです。

そして、一人だけで解決策がまとめられることはなく、できるだけ多くの人の連携が自然に立ち上がってくるようにしなくてはいけません。

そのためには、ある程度「アマチュア」的にこの流れに参加する、意識高い系のビジネスパーソンの勉強会や、若くしてＦＩＲＥ（おカネを稼ぐだけの仕事からはリタイアした存在）した人の道楽的な関わりも、今後の世界では非常に重要になってくるでしょう。

それでも「自分はそこまでのことはできない」と思った人も、〝推し活〟ならできるはずです。

実際に「メタ正義的解決」に向けて取り組んでいるチャレンジを応援し、読者になり、ＳＮＳで拡散し……という関わりも、非常に重要なことです。

どんな革命も、歴史に残った有名な革命家だけでなく、その革命家の演説に胸をときめかせ、それについて友人と話して盛り上げた無数のフォロワーの人たちによって成し遂げられているのです。

「自分は推し活しかできないけど」という人も、十分に「メタ正義的転換」の一員です。一緒に頑張っていきましょう。

中年、女性、陰キャの人は特に！

最後に変なことを言うようですが、あなたが「中年、女性、陰キャ」のどれかにあたるような人なら、まさに「メタ正義の種」を創り出せる才能がある可能性は高いと私は考えています。

中年になると、仕事をこなす能力はどんどん減衰してきて若い人に勝てなくなる一方で、経験を積んできて視野が深まり、「本当はこうなっていた方がいいのにどうしてそうならないのか」というテーマを持ちやすくなりますよね。

特に30代〜40代以後は、ただの〝兵士〟としてこなすことをこなしているだけではキャリア的にも限界が来やすいので、何らかの自分なりのテーマを持ち、持続的に一つのテーマについて考え続ける「大道楽」を持つことをおすすめしたいと思っています。

文通の仕事で老若男女と繋がっていますが、やはり自分なりのテーマを持って考え続けていることがある人は魅力的ですし、若い人にも頼られていると思います。

課題は本当に小さなものでもよくて、例えば「ＡＩのような新しい技術の日本の会社への導入」とか「社会構造の変化と旧来の日本企業の人事制度が合わなくなってきたズレに対する解決策」みたいなテーマ一つを取ってみても、ただ先端的なＡＩエンジニアとか敏腕人事コンサルタントがいればいいというわけではなく、日本的な組織の中にいながら両者の事情を深く考えて落としどころを見つけ出せる人が必要ですよね。

過去20年の日本ではとにかく「はっきりとわかりやすく何かをぶった切る」ような才能ばかりが有能さであると理解されがちでしたが、組織の中で揉まれて日々悩みつつも、それでも腐ってしまわずに理想に向けて色々と動かそうとしてきた〝中年世代〟のあなたこそが、日本社会の「水と油」が接する最前線で日々奮闘しているのだ、というアドバンテージがあるのです。

「かっこよく何かを断罪しまくったりはできないが、できる限り多くのステークホルダーの間に立って良い方向に動かそうと頑張ってはきた」というあなたの日々の活動は、「メタ正義の種」に結実する一歩手前まで来ている蓄積になっています。必要なのはその蓄積を、**メ**

タ正義的な具体的なアクションに昇華する「あと一歩踏み込んだ明確な意思」に繋げていくことです。

「三遊間のお見合い」をカバーする中年の叡智を！

特に中年の人にトライしていただきたいのは、古き良きオッサンビジネス用語でいうところの「三遊間でお見合いしちゃってる」ような課題をいかにフォローできるか？　というチャレンジです。

最近の若い人の野球人気の凋落は深刻で、こういう用語も絶滅寸前なので一応解説しておくと、野球の守備で三塁手と遊撃手の間に打球が飛ぶと、二人とも相手まかせにして、球を見るだけで取りにいかずヒットになってしまいがち……ということから、**「みんなが縦割りの自分の責任範囲だけに引きこもるとその〝間〟にある課題がほったらかしになってしまう」**という事態を意味します。今の日本にはこういう「三遊間」でほったらかしになってしまっている課題があちこちにあり、若い人は「そういうのオレ関係ないっすから」という方向で考えてしまいがちですよね。

とはいえ、ほったらかしのままにはできないじゃないか……と誰かが犠牲になってフォローしちゃうのが日本社会のエライところではあったのですが、結果として特定の人たちに過大な負荷が集中し続けることになり、最近は「もうそんなことやってられないぜ！」という風潮が高まって、あちらこちらで問題が噴出するようになってきています。

中年世代のあなたは、その「三遊間でお見合いしちゃってる」ような課題について視野が行き届くことが多いでしょうし、そこで「自分が犠牲になってフォローする」のではなく（ここ大事）、**「皆のために必要な課題だから少しずつ負荷を負担しあって無理なく回るようにしよう」という提案に広範囲の人を巻き込めるかどうか**、ここが中年ビジネスパーソンの腕の見せ所です。

それは仕事だけの話ではなく、例えば文通の仕事で繋がっているある男性は、関西に引っ越してから住んでいるマンションの理事になり、財政面や運営面での課題や解決策の提案を行ったところ、「関西の人はいざ自分ごとになったらどんどん意見を言ってくれることに驚いた」と言っていました。第3章で紹介した岡田先生のＰＴＡ改革の例でもそうなのですが、みんな本当は、「意見を言いたい、参加したい」という気持ちがあるけれども、ただただエゴのぶつかりあいになったり、あまりに過剰で無駄な負担を求められるぐらいならお互いの領分を侵さないように黙っていよう……という決着になってしまっていることが多いのです。

そのようなあらゆる分野で、「ちゃんとみんなのための提案をしてみる」ことは大変重要な「メタ正義の実践」となるでしょう。

こういう「公」の再生という課題のより大きなものが、例えば**今の東京にゴミ箱が全然ない！　という大問題**です。今までは、電鉄会社や小売店やコンビニや……がその「三遊間でお見合いしちゃってる」課題をそれぞれ自分の犠牲でなんとかカバーしてきたのですが、誰かの犠牲でカバーされると、家庭ゴミまで持ち込んで捨ててしまうフリーライダーが次々と現れ、徐々に「バカバカしくてやってられるか！」となってきて、誰もカバーしてくれなくなる……という現象が起きてしまっている。

「私」が犠牲を払ってカバーするような文化がそもそもない国では、当然のように税金からの公費でゴミ箱が設置されているわけで、いっそ東京都と事業者が連携して対処する、などがいいのかもしれません。

この問題の場合、例えばどこか一つの電鉄会社だけが頑張ってゴミ箱を設置しても、街に溢れる「ゴミ箱ニーズ」を1ヵ所が引き受けることは不可能で、続きません。どうやって再度「公」を再生していくかが、大変重要な課題だといえるでしょう。ある程度広範囲に根回しできる立場の人が、強い意志をもって音頭を取り、「メタ正義的」なアクションを起こしてくれることを、私は大変期待しています。

こういう「みんなのためにそれぞれが少しずつ負担しあう」合意をどう実現するかは「公」の非常に重要な側面ではあるのですが、普通に〝民主主義〟をやっていると、こういう「公」が次々と吹き飛んでしまいがちなのは実に皮肉な問題ですね。明治神宮外苑エリアの再開発について、単に事業者や都を悪者にして攻撃する議論ではなく、資金問題まで踏み込んでサポートする議論をしていくことの重要性が、ここからもわかると思います。

女性がもたらす「男性社会の閉鎖性を超える議論」への強い意志

また、日本で働く女性にも私は期待していて、これも文通で色々な世代の人と話していますが、やはり男性だと当たり前に思う仕組みに疑問を持って、「本当はどうすればいいのか」と考える状況に、幸か不幸か追い込まれている人は多いです。男だけでやっていると、縦割りで仕事を抱き込んで〝秘伝のタレ〟化してしまいやすいものを、適切に横串を通したり外部の知識との連携を推進したりする作業は、女性がやるとうまくいくことが多いように思います。

第4章で書いたように、これから増えていく「普通に日本企業で出世する」女性には、閉鎖的で変化への対応が鈍くなりがちな日本の会社を変えていく使命があるのです。

これは政治レベルの話でも同じで、最近いわゆる「伝統的な左派政党や左派運動」が性差別的で閉鎖的であることを、リベラル寄りの強い理想をもってそこに参加した女性が告発する例が増えていますよね。男だけで「党派争い」をしていた時代には、「性差別」や「パワハラ」を行うのは〝邪悪な自民党側〟の存在のみであり、高潔な正義の志士であるオレたちにはそういう問題は存在しない！　というファンタジーがまかり通っていましたが、まあそんなことはないよね、という当たり前のことを言えるようになってきた。またいわゆる「民主集中制」みたいなイニシエの左翼用語を振り回し、「権力と戦う」ために必要なのだから「反権力の自分たちは独裁的でなくてはならない」というようなロジックも明らかに現実と合わなくなってきているでしょう。

第5章で紹介した「上の世代の労働組合員が具体的賃上げ交渉でなく〝いつもの左翼イベント〟にしか興味がない」と呆れていた人も女性です。そういう分野に進出する女性が増えることによって、ただ「男のロマン追求のための党派争いのための党派争い」で善悪二元論を振り回すのではなく、色々な社会の現場レベルの議論と具体的に共鳴して改善を一つずつ積んでいくことが大事なのだ……という風潮が、徐々に当然のものとなっていくでしょう。

男性は「20世紀型の左翼」に失望すると過剰なほどの「うっせえ黙ってろ型保守派」になってしまいがちですが、女性はそこで失望しても「女は家庭で主婦でもしてろ」みたいな風潮が一部に残る保守派にも合流しづらく、その先で「新しいメタ正義的決着」を目指す流れに乗っかりやすくなる構造は明らかにあると思います。

最近、論客として私を指名してくれるメディアの担当者は女性が増えています。読売新聞社が米国ダウ・ジョーンズ社と連携して立ち上げ、２０２５年春から日本語記事も英訳して世界に配信する『ＤＯＷ ＪＯＮＥＳ 読売新聞 Ｐｒｏ』から執筆依頼を受けたのですが、その編集部長も女性です。私に依頼をするに当たり、その部長さんは高校時代の同級生ＬＩＮＥグループ（首都圏の有名進学女子校）で私の記事を紹介したら、「知ってる！ 読んでるよ！」という反応だったことを理由に挙げ、「女性でちゃんと出世して日本社会に位置を占めた最初の世代としての自分たちが、旧来の紋切り型の対立構図を超える議論を欲する時、必要な議論をしてくれていると感じている」と言ってもらい、私は大変嬉しく思いました。

実際、日本という国の特質なのか、やはり第2章で述べたような「アベノミクスで必死に守った絆」があるからか、アメリカのトランプ派みたいなグループに対して「あんなレイシストどもの言うことなど一切聞いてはいけない！」と強くハネつけるような論調で批判する人は、例えばメディアに出ている若い女性論客の人でもそう多くはありませんよね。

むしろ「社会がそこまで真っ二つになってしまった以上、リベラルの理想の本質からいっても、相手側の言い分も取り入れていくことが必要なのでは」という考え方が主流であるように思います。

そういう日本の特質が最近徐々に海外にも知られるようになり、英語圏SNSでは「アメリカ政治型分極化」をそのまま反映し、保守派側が日本を過剰に神格化して褒めちぎる投稿と、それに反発を覚えた左派が日本を徹底的に悪魔化して攻撃している投稿が「両方ともに」それぞれ沢山シェアされているのを見るようになりました。

もちろんこれは、

「そうやって自分たちから見た〝辺境〟のローカル社会を、自分たちの善悪二元論を強化するための〝ネタ〟としてしか理解できないから、グローバルサウスを含む人類の大部分から欧米的な理想が丸ごと否定されかかってるんですよ！」（＝本書でいうナワリヌイ・バイアス）

……という話なので、我々としてはそういう二極化した議論からは徹底して距離を置き、海を割いてど真ん中を歩くモーゼのように堂々と「メタ正義の道」を行くことで、人類社会の分断を再度縫い合わせる尖兵となっていきましょう。

「陰キャ」が切り開く新しい未来

「中年、女性、陰キャ」の最後の「陰キャ」って何だよ？　という話ですが、「陰キャ」というのはおそらく「陰気なキャラクター」から来ている、「内向的で行動力に欠ける人」という意味で最近の若い人が使う用語で、対義語は「陽キャ」です。

これは私の世代的には「ネットでなくリアルの生活が充実している人」という意味の「リア充」に対する「非リア（非・リア充）」などと呼ばれていた用語に近いですね。もっと昔の世代は「ネクラ」と呼んでいたかもしれません。

ただし、個人的な印象としては、「ネクラ→非リア→陰キャ」と時代が下るごとに、ある程度ポジティブなイメージがついてきているというか、少なくともネガティブなイメージは減ってきているように思います。

唐突な話のように聞こえるかもしれませんが、本書の最後も最後に、本質的に深い転換をもたらす「メタ正義的解決」のためには、「陰キャ」の要素が欠かせないという話を聞いてもらいたいと思っています。

最近、金風舎という出版社が「24人の色んな分野の論客が集まり、〝妄想力〟を全開にして未来の可能性を描く」というコンセプトの『妄想講義　明るい未来の描き方と作り方』という本を刊行して、依頼されて私も参加しました。

その本の企画への参加依頼メールを著者に送ったり、原稿を整理して校正したりするのを全て大学生のインターンがやっていて、そのプロセスで関わっていたSくんという大学生がいたのですが……

メールのやりとりから伝わってきた印象としては、

- 事務的なメールもちゃんとパーソナルな感情を込めディテールに気を配ったものにできる
- 著者である私が普段やっていることの細部のニュアンスを的確に摑んで、それを提案に入れ込める
- 一方で、レスのタイミングとかはちょっと遅めだしミスも多め

……というような人物で、内向的なキャラの人間としての繊細な目配りができる才能のある人なんだろうなと思ったのと同時に、自分の一つひとつの行動を自意識過剰に考え込みすぎる体質が感じられて、こういう人は活躍の場を見つけるのに工夫が必要だろうなと思った

ことがありました。

少しだけメールで雑談する機会があり、就職活動中だという話を聞いたので、「そういう〝才能〟って、一日中電話100件かけまくらないといけない営業職とかには全然フィットしないけど、必ず自分の特性を活かせる分野がどこかにはあるはずだから頑張って！」

……というメッセージを送ったんですが、そうしたら今就職活動で営業職ばかり受けて惨敗中なんです……という返答があって、いやいやもうちょっと自分の活かし方を考えた方がいいのでは？　と思ったんですね。

この大学生Sくんの例に共感する人は多いようで、

「倉本圭造のnote　2024年8月31日／〝陽キャの体育会系ビジネスマン〟ではない〝陰キャの自意識過剰人間〟の為の成功プラン」というウェブ記事で紹介したところ、次々と、

〈自分もそうだったが、営業職も1件の金額が大きく丁寧な説明が必要なB2B分野ならむしろ絶対活躍できる！〉

〈私がやってる編集者業なんかはむしろそういう人間じゃないと務まらないと思います！〉

〈私はソフトウェアエンジニアでプロジェクトマネジメントをしていますが、自分がそうい

う陰キャであったことの価値はむしろちゃんと生きていると思います！〉

……などというコメントを送ってくれる上の世代が沢山いて、なかなか温かい人の気持ちの輪を感じました。

要するに「自意識過剰で陰キャ」だということは、一つひとつの自分の行動の後先を考える能力があるということで、逆にいうと「さっさと手を動かせよ！　今日100件電話しろ！」みたいな環境ではなかなか自分の持ち味を発揮しづらいわけですよね。

そこで「自分なんかダメなんだ」と落ち込んで引きこもってしまったら難しい状況に追い込まれますが、「それでもなんとかできる限りの行動はし続ける」なら、そういう「陰キャ」の人は世界を自分なりに理解していくことが可能になります。

特に、20代のように若い頃は「1日100件電話できる陽キャ」に勝てることはほぼ無理だと思いますが、ウサギと亀の話みたいな感じで、**「陽キャの半分でいいから行動する」を続けていけば、自分なりに色々な立場の人を理解できる能力が徐々に結晶化していく**んですね。

そしてそうやって「色んな人の思いを排除せず受け止めて考えてきたか」が、40代～50代になった時、全然違う効果を発揮し始めたりする。

「自分も陰キャ寄りなんですよ」と思う人は、ぜひ自分なりの「メタ正義のビジョン」を育てていくことを目指していただければと思っています。

「陰キャの才能」が日本経済に必要な時代がやってくる

よりこの課題を深掘りしていくと、日本は今後、経済・経営分野において「陰キャの才能」を強烈に必要としていく時代になるんですよね。なぜかというと、「平成時代の勝ち筋」だった「タイムマシン経営」が徐々に成り立たなくなってきているからです。

「タイムマシン経営」というのは、アメリカとか中国とか、IT先進国で既に成功例があるものを持ってきて、「日本版〇〇」を作るというビジネスです。

IT系の先進事例だけでなく、「アメリカ企業の先進的な経営手法」と呼ばれるものを無批判に持ってきて導入する、というのも一種の「タイムマシン経営」でした。

ではなぜ令和の時代になってこの「タイムマシン経営」が成り立ちづらくなってきているかというと、「オリジナル」がそのまま日本に参入してきちゃう例が増えているからなんですよね。

「SNSってのが流行ってるらしい、日本でもやろう！」とできたmixiもGREEも、

Twitter や Facebook や Instagram のようなグローバルSNSに上陸されたらあっという間に乗り換えられちゃいましたよね。つまりグローバルな垣根が消えてきて、「日本版○○」の入る余地がなくなってきてしまっている。そしてこの市場環境の変化が、「活躍できる人のタイプ」をも変えていく流れが起きているんですね。

つまり、平成時代の王道パターンだった「タイムマシン経営」を成功させるには、「既に海外の実例としてある正解」を「1日100件電話をかける熱意と行動力」で一気に実現することが必要で、こりゃもう「外交的な陽キャの体育会系ビジネスパーソン」の独壇場でした。

一方で、そういう「タイムマシン経営」が徐々に機能しなくなってくる時代には、むしろ「陰キャの妄想力」が必要になってくる。「本来こういうものがあるべきではないか」と、個人の頭の中で時間をかけて延々と細部の細部まで考え抜かれた「理想のビジョン」を持つものでないと、グローバルにちゃんと売っていくことができないんですね。

平成時代に日本で活躍したベンチャーで海外展開できているところはすごく少ないです。「タイムマシン経営バリバリやります」型カルチャーから生まれたものだと、「日本発である」意味が薄く、世界では戦えないというギャップがあったのでしょう。

陰キャの妄想力の結晶みたいなアニメのファンは世界で10億人に達し、年間3兆円を超える売上になっているけれど、陽キャ寄りの民放テレビドラマは今のところ海外でのプレゼンスが全然ない……という現象と同じですね。

IT系でも、グローバルにまあまあ戦えているのは、創業者の一人が哲学書（鈴木健『なめらかな社会とその敵　PICSY・分人民主主義・構成的社会契約論』ちくま学芸文庫）みたいな本を書いているスマートニュースとか……あとは、成功の規模がものすごく大きいわけではありませんが、「予定管理アプリ」という新規のイノベーションがどこにもありそうにない枯れに枯れた分野で、グローバルに顧客を獲得している Time Tree（タイムツリー）というアプリがあります。（私も愛用してます）

この Time Tree が公開された当初、創業者の深川泰斗氏はアプリ自体には自信を持っていたものの消費者からの反応が全くなかったために大変落ち込み、見かねた奥さんが何気なく Twitter に「夫の会社が作ったスケジュール管理アプリ（無料）が全然取り上げてもらえないと落ち込んでいるのでよろしければ見てみてください」という内容で投稿したのが劇的に〝バズって〟（＝評判になり投稿がシェアされて）一気にユーザーが増えたそうです。

そしてその反響に驚いた奥さんのコメントに、

〈今朝「やっぱりイケイケな営業型の人間にならないとだめだろうか……人に会うの楽しい！　って朝起きたら繰り返すとか……」とかよく分からないことをつぶやいて落ち込んでた夫も喜んでいます！〉 https://x.com/fkjk/status/580593576649850880

……とあって、私は思わず爆笑してしまいました。

先ほどの大学生のSくんに共感した陰キャ寄りのみなさん、大事なのは「陽キャへのコンプレックスに潰れてしまわずに、ちゃんと理想を持って考え抜いたものを作り込むこと」ですね！

「あらゆる絶対」が無効化していく多極化時代に日本人が描く理想とは

人類社会はどんどん混迷化してきてますよね。ほんの5年ほど前の平和が懐かしいぐらい、今、あちこちで戦争が起きている。

ありとあらゆる「とりあえずこの秩序感に従っていればOKだった」ものが溶解してしまう、「多極化」どころか「無極化」時代とまでいわれる状況になっている。

こういう時代には、観念的な自分の正義の絶対性を信じて迷いなく行動できるという、過去20年では明らかに〝長所〟だった特性の限界も露呈してきてしまうことになります。

わかりやすいスローガンに乗っかって「敵」を攻撃しても、その「敵」にはその敵が持つ譲れない正義があって、延々とヒートアップしていけば結局どこかで戦争になってしまう。

自分たちの掲げる正義こそが本当の正義であり、あいつらの正義なんてどう考えても間違ってるじゃないか！　と理由を100個挙げ、SNSで「はい論破！」してたって彼らは決して変わってはくれませんし、むしろ余計にあなたの主張に対して「絶対に全部を逆の方向に動かしてやる！」という全力の憎悪を燃やして襲いかかってくるでしょう。

そうなれば結局、一つしかない人類社会を共有して生きているという厳然たる現実の中で、どこかでぶつかりあって押しあいへしあいになってしまいますよね。

そんな時代にこそ、世界中のだいたいどの民族と比べても「陰キャ」寄りで自己主張を一つするたびに延々考えてしまうような日本人の我々が持つ「新しい問題解決の手法」を、ただ提唱するだけでなく実際にやって見せ、グローバル経済における「新しい繁栄」にまで昇華することが必要なのです。ここに、**「陰キャのプロフェッショナル」としての日本人の使命**があるわけですね。

あなたが生きている中でぶち当たる、「こうなっていた方がいいのにどうしてそうならないのか」という課題に対し、「敵」を設定してただ全ての責任を押しつける20世紀の議論ではなく、そこにある本当の事情を具体的に読み解いて解決を目指していくこと。

その先に、大げさでなく「人類の希望」が眠っているのです。

人類に蔓延する「論破という病」を乗り越えていけるように、一緒に考えていきましょう。

私は経営コンサル業のかたわら、定期的にX（@keizokuramoto）やnote、YouTubeなどで発信し、その新しい「メタ正義的」な発想に取り組んでいく仲間を募集していますし、文通を通じて一緒に人生を考えていくというお仕事もしています。

ご興味があれば、ぜひチェックしてみてください。（Xのアカウントがある方は、この本の感想を@keizokuramotoという文字列つきでメンションとしてポストしていただければ喜んで読みにいきます！）

この長い本をここまで読んでくださったあなたは、おそらく同じような問題意識がもともとある人なのではないかと思います。

一緒に協力しあい、20世紀から延々と続く「議論のための議論」「政争のための政争」に飽き飽きしてきた人々の気持ちの先にある、「立場を超えた知恵の持ち寄り」がメインストリームになる新しい社会を実現していきましょう。

倉本圭造

倉本圭造　Kuramoto Keizo

1978年、神戸市生まれ。京都大学経済学部卒業後、マッキンゼー入社。「グローバリズム的思考法」と「日本社会の現実」との大きな矛盾に直面し、両者を相乗効果的関係に持ち込む新しい視座の必要性を痛感。その探求のため肉体労働現場やホストクラブにまで潜入して働く「社会の上から下まで全部見る」フィールドワークを行ったのち、船井総研を経て独立。中小企業のコンサルティングで「10年で150万円平均給与を上げる」などの成果を出す一方、老若男女の多様な人々との文通を通じた「人生について一緒に考える」仕事も。『日本人のための議論と対話の教科書』『「みんなで豊かになる社会」はどうすれば実現するのか？』など著書多数。

中公新書ラクレ 834

論破《ろんぱ》という病《やまい》

「分断の時代」の日本人の使命

2025年２月10日発行

著者……倉本圭造《くらもとけいぞう》

発行者……安部順一

発行所……中央公論新社
〒100-8152 東京都千代田区大手町 1-7-1
電話……販売 03-5299-1730　編集 03-5299-1870
URL https://www.chuko.co.jp/

本文印刷…三晃印刷　カバー印刷…大熊整美堂　製本…小泉製本

Published by CHUOKORON-SHINSHA, INC.
Printed in Japan　ISBN978-4-12-150834-8　C1236

中公新書ラクレ　好評既刊

ラクレとは…la clef＝フランス語で「鍵」の意味です。
情報が氾濫するいま、時代を読み解き指針を示す
「知識の鍵」を提供します。

L781

ゆるい職場
——若者の不安の知られざる理由

古屋星斗 著

「今の職場、〝ゆるい〟んです」「ここにいても、成長できるのか」。そんな不安をこぼす若者たちがいる。２０１０年代後半から進んだ職場運営法改革により、日本企業の労働環境は「働きやすい」ものへと変わりつつある。しかし一方で、若手社員の離職率はむしろ上がっており、当の若者たちからは、不安の声が聞かれるようになった――。本書では、企業や日本社会が抱えるこの課題と解決策について、データと実例を示しながら解説する。

L823

分断国家アメリカ
——多様性の果てに

読売新聞アメリカ総局 著

アメリカの分断を体現する「排他主義」のトランプ対「多様性の象徴」ハリスの大統領選挙。世界を先導してきたアメリカの民主主義はどこへ向かうのか。ブラック・ライブス・マター運動で広がる黒人と白人の溝、キリスト教やＬＧＢＴＱを巡る「青い州」と「赤い州」の対立、国境の街とリベラルな都市の不法移民の押し付け合い、ユダヤ・アラブ・アジアなど国際情勢から派生する攻防――激しさを増す軋轢に苦しむアメリカの今を描き出す総力ルポ。

L826

国民健康保険料が高すぎる！
——保険料を下げる10のこと

笹井恵里子 著

今は国保と無関係な会社員も、定年後は「国民健康保険」への加入が選択肢に挙がる。その国保は、ほかの公的医療保険よりも圧倒的に保険料が高い。その理由はなぜなのか。制度の仕組みから、国保料を下げる10のポイント、経済的に困窮した際に打てる策、さらには支払った国保料によって他の税金を安くする方法まで一挙紹介する。弁護士とファイナンシャルプランナーによって監修を行い、日々の暮らしの助けとなる1冊。